Antje Jansen

Teichpflanzen

einsetzen und pflegen

Mit vielen Pflanzideen
Schöne Ufergestaltungen für Teich und Bach
Die Besten Pflanz- und Pflegetipps

Fotos: Friedrich Strauß und andere bekannte Pflanzenfotografen
Zeichnungen: Marlene Gemke

GU

Teichpflanzen pflegen
Ein Wort zuvor

Die Seele des Gartenteichs sind seine Pflanzen. Sie bringen nicht nur Schönheit, sondern auch Leben in den Teich, denn sie spielen zum Beispiel eine lebenswichtige Rolle für die Tierwelt des Teiches. Voraussetzung für die richtige Bepflanzung aber ist, die »Kunst des Wassergärtnerns« ein wenig besser kennenzulernen. Der Weg zum Erfolg beginnt bereits bei der Pflanzenauswahl. In diesem GU Ratgeber Garten finden Sie präzise Anleitungen für die richtige Bepflanzung von Sumpfzone, Flach- und Tiefwasserzone. Traumhaft schöne Farbfotos und detaillierte Pflegeanleitungen der schönsten Teichpflanzen für den Zier- und Naturteich helfen, Ihren ganz persönlichen Traumteich zu verwirklichen. Auf Praxis-Seiten finden Sie: Anschauliche Zeichnungen und leicht nachvollziehbare Anleitungen fürs Pflanzen, Pflegen und Vermehren sowie für die erste Hilfe bei Pannen. Außerdem gibt es spezielle Tips, etwa wie Sie Seerosen richtig pflegen, Pflanzgefäße dekorativ bepflanzen, welche Pflanzen in den Schattenteich passen, oder wie Sie empfindliche Teichpflanzen richtig überwintern. Viel Freude beim Bepflanzen Ihres Gartenteiches wünschen Ihnen die Autorin und die GU Naturbuch-Redaktion.

Inhaltsübersicht

Wasserfrosch beim Sonnen.

Seekanne (Nymphoides peltata).

Gauklerblume (Mimulus cupreus).

Die Autorin
Dr. Antje Jansen, Diplom-Biologin, gibt Gartenteichbau-Seminare an der Volkshochschule. Seit 1992 führt sie ein Büro für ökologische Fachgutachten und Naturschutzfragen.

Die Fotografen
Friedrich Strauß ist Diplom-Gartenbauingenieur. Seine gärtnerische Ausbildung ergänzte er mit dem Studium der Kunstgeschichte. Seit vielen Jahren fotografiert er für renommierte Gartenfachzeitschriften und Buchverlage. Weitere Fotos stammen von anderen bekannten Pflanzen-Fotografen (→ Nachweis, Seite 62).

Die Zeichnerin
Marlene Gemke studierte Graphik-Design an der Fachhochschule Wiesbaden und machte sich als wissenschaftliche Grafikerin selbständig. Seit vielen Jahren zeichnet sie für den GU Naturbuch-Verlag.

Wichtig: Damit die Freude an Ihrem Gartenteich ungetrübt bleibt, beachten Sie bitte »Warnung und Hinweis« auf Seite 63.

Wissenswertes über den Teich und seine Pflanzen

Teich gestalten

Grünen und blühen soll's am Gartenteich. Doch üppig wachsende Teichpflanzen machen den Teich nicht nur schön, sondern sind auch wichtig: Ohne Pflanzen würde ein Gartenteich gar nicht funktionieren. Zudem bieten sie Lebensraum für viele Tiere, die sich als bestaunenswerte Teichgäste einfinden.

Foto oben: Gebänderte Prachtlibelle (Calopteryx splendens) im Flug.
Foto links: Eine üppige Randbepflanzung mit Gartenblumen und bizarren Gräsern macht diesen Teich zum Lieblingsplatz für die ganze Familie.

Pflanzenfreundliche Teichgestaltung

Einen Gartenteich mit vielfältigem Pflanzenwuchs und den unterschiedlichsten Teichtieren wünscht sich jeder – zur eigenen Freude und nicht zuletzt, um Kindern die Schönheit der Natur im eigenen Garten nahezubringen. Damit sich Wasserkäfer, Libellen, Frösche und viele andere Teichtiere ansiedeln können, sollten Sie sowohl beim Anlegen des Teichs als auch bei seiner Bepflanzung verschiedene Lebensräume für Ihre Teichgäste schaffen. Hochwachsende Röhrichtbestände etwa bieten Platz für Tiere, die Verstecke brauchen. Für Tiere, die sonnige Plätze bevorzugen, sind Bereiche mit niedrigen Pflanzen nötig.
Erst durch die Vielfalt der Lebensbereiche für die Pflanzen, die durch unterschiedliche Uferneigung und Wassertiefe leicht geschaffen werden können, kann auch eine Vielfalt an Pflanzenarten gedeihen. Wenn Sie die Pflanzen standortgerecht auswählen, schaffen Sie zugleich auch die Voraussetzungen für eine gute Wasserqualität.

Tips für den Teichstandort

Für das Wohlergehen aller Teichpflanzen sind die Lage des Teiches, der Bodengrund und die Qualität des Teichwassers ausschlaggebend. Sonnenlicht ist für das Wachstum aller Teichpflanzen unbedingt erforderlich. Die Lichtverhältnisse am Teich müssen daher die Lichtbedürfnisse der Pflanzen befriedigen können.
Sonne: Je stärker die Besonnung, desto besser gedeihen die Pflanzen. Als Minimum gilt fünf Stunden Sonne täglich.
Schatten: Ist kein sonniger Platz vorhanden, können Sie einen »Schattenteich« anlegen. Die Auswahl schattenverträglicher Pflanzenarten (→ Seite 19) ist zwar geringer, doch sehr reizvoll. Die Bepflanzung muß hier besonders sorgfältig geplant werden, um das wenige Licht optimal auszunützen.
Vorsicht unter Bäumen: Umstehende Bäume und Sträucher beeinträchtigen durch herabfallendes Laub und Früchte die Wasserqualität (→ Seite 24). Ein solcher Platz ist daher zu vermeiden.
Teichgröße und -tiefe: Egal wie groß – jedes Gewässer ist eine Bereicherung für den Garten. Als Mindesttiefe für einen kleinenTeich (bis etwa 6 m^2) sind etwa 80 cm nötig, größere Teiche können 1,5 m und mehr erreichen. Je tiefer ein Teich, desto vielfältiger sind die Möglichkeiten zur Bepflanzung, wenn das Ufer sinnvoll gestaltet ist.
Bodengrund und Wasserqualität: Auch der Bodengrund beeinflußt den Lebensraum der Teichpflanzen ganz erheblich – gleichgültig, ob am Teichboden oder als Substrat im Pflanzcontainer.
• Nährstoffgehalt: Verwenden Sie als Bodengrund nur nährstoffarmes Material, um Überdüngungseffekte zu vermeiden (→ Seite 22). Am besten ein Sand-Lehm-Kiesel-Gemisch, jedoch keine Gartenerde. Im Fachhandel ist auch spezielle Teicherde erhältlich. Sie sollte keinen Torf enthalten, da bei der Torfgewinnung die natürlichen Standorte vieler seltener Pflanzen zerstört werden.
• Säuregrad: Die Art des Bodengrundes beeinflußt auch den Säuregrad Ihres Gartenteiches (→ Seite 22) und damit die Auswahl der Pflanzen. Extreme Ansprüche einzelner Pflanzen finden Sie in den Pflanzenporträts (→ Seite 38 bis 57).

Fische im Teich

Wenn Sie in Ihrem Teich Fische halten, kommen Sie ab einer bestimmten Anzahl nicht ohne technische Geräte wie Filter aus. In einem Teich ohne technische Geräte gilt: je weniger Fische, desto besser, sowohl für das Wohlbefinden der Fische als auch den Pflanzenwuchs (am besten Fachliteratur zu Rate ziehen, → Seite 62).

Die Lebensbereiche im Teich

Im Gartenteich unterscheidet man vier Lebensbereiche, die Sie beim Anlegen des Teiches entsprechend gestalten sollten (→ Zeichnung unten). Die Pflanzen bevorzugen entsprechend ihrem natürlichen Standort spezifische Lebensbedingungen.

Die Sumpfzone: Hier läßt sich eine besonders große Vielfalt an Pflanzen ansiedeln. Vom Wasserspiegel bis zum Folienrand sollte sie – flach ansteigend – eine Tiefe von 0 bis 25 cm haben und etwa 10 cm dick mit Bodengrund (Sand-Lehm-Kiesel-Gemisch) bedeckt sein.

Die Flachwasserzone: Der Übergangsbereich zwischen Sumpf- und Tiefwasserzone darf nicht zu steil werden, da sonst der Bodengrund abrutschen kann. Bis etwa 30° Neigung kann feineres Material verwendet werden; für steilere Stellen dagegen gröberes Substrat und Steine.

Die Tiefwasserzone: Für manche Pflanzenarten, vor allem aber für Tiere, die im Wasser überwintern, ist eine tiefe Zone (mindestens 80 cm) im Teich notwendig. Bei kleineren Teichen wird durch die flache Sumpfzone bereits viel von dem für den Teich vorgesehenen Platz verbraucht. Um dennoch die notwendige Tiefe zu erreichen, legen Sie einen Teil des Ufers steil an.

Der Teichrand: Hier eignen sich je nach Feuchtigkeit des Bodens viele Gartenpflanzen.

Lebensbereiche im Teich. 1 Teichrand; 2 Sumpfzone; 3 Flachwasserzone; 4 Tiefwasserzone; 5 Steilufer; 6 Sumpfzone; 7 Teichrand.

Was sind Teichpflanzen?

Das Angebot an Pflanzen für die Gestaltung von Gartenteichen ist sehr groß. Um sie richtig auswählen und pflegen zu können, sollten Sie einiges über ihre Lebensweise wissen.
Es gibt zwei große Gruppen von Teichpflanzen:
• Die Wasserpflanzen und
• die Sumpfpflanzen.
Wasserpflanzen werden unterteilt in
• Unterwasserpflanzen, die völlig untergetaucht leben, im Boden wurzeln und in die Tief- oder Flachwasserzone gesetzt werden.
• Schwimmblattpflanzen, deren Blätter an der Wasseroberfläche schwimmen. Einige besitzen anders gestaltete Unterwasserblätter. Auch sie wurzeln im Boden und gehören in die Tief- oder Flachwasserzone.
• Schwimmpflanzen, die zwar auch mit den Blättern an der Wasseroberfläche schwimmen, aber meist keine Bodenwurzeln haben, da sie frei im Wasser treiben. Sie bevorzugen die Tiefwasserzone.
Sumpfpflanzen stehen entweder nur mit den Wurzeln oder auch mit dem untersten Sproßteil im Wasser. Ihr Lebensbereich ist die Sumpfzone.
Algen sind ebenfalls Teichpflanzen, die jedoch keine Blüten bilden. Sie besiedeln jeden Teich von allein. Solange sie nicht überhandnehmen, leisten sie im Gartenteich als natürliche Sauerstoff- und Futterquelle für Teichtiere gute Dienste.
• Fadenalgen: In neuangelegten Gartenteichen kommt es oft zur starken Vermehrung von Fadenalgen, die als Algenpolster auf dem Wasser schwimmen. Sie sollten sie gelegentlich mit einem Kescher oder per Hand herausfischen, um Lichtmangel für Unterwasserpflanzen vorzubeugen.
• Schwebalgen: Unerwünscht ist die übermäßige Vermehrung von Algen, die frei im Wasser schweben, mit dem bloßen Auge aber nicht sichtbar sind. Sie trüben das Teichwasser und können es zum »Umkippen« (→ Seite 22) bringen.
• Andere Algen: In Grenzen gehalten schaden sie dem Gartenteich in der Regel nicht.
Am Teichrand: Wenn die Folie am Teichrand richtig verlegt ist (→ Praxis Pflanzhilfen, Seite 13), wird der Teichrand genauso trocken sein wie der restliche Garten. Daher können Sie dort auch alle Gartenpflanzen einsetzen. Am besten geeignet sind Pflanzen, die auch in der Natur in Gewässernähe vorkommen, wie zum Beispiel Wasserdost (*Eupatorium cannabinum*), Drüsiger Gilbweiderich (*Lysimachia punctata*) und Pfennigkraut (*Lysimachia nummularia*).
Falls der Rasen bis an den Teichrand reicht, kann eine Zone aus Steinen das Hereinwachsen von Gras in den Teich verhindern.
Für einen Zugang zum Teich bepflanzen Sie einige Stellen – vor allem in der Hauptblickrichtung – möglichst spärlich oder verlegen am Teichrand einige begehbare Steinplatten. Eine breite, dichtbewachsene Teichrandzone sollte nicht fehlen. Im Schrittabstand verlegte Trittsteine erleichtern später die Teichpflege. Verwenden Sie für den Teichrand nur nährstoffarme Erde, denn bei Regen werden leicht Erde und damit Nährstoffe in den Teich geschwemmt.

Bedeutung der Pflanzen für den Teich

Teichpflanzen sind nicht nur schmückendes Beiwerk, sie bilden eine Lebensgemeinschaft mit Tieren und spielen darin eine große Rolle. Sie sorgen auch dafür, daß die Wasserqualität aufrechterhalten wird. Sie entnehmen dem Wasser Nährstoffe, die in ihm gelöst sind, und entziehen damit unerwünschten Algen die Lebensgrundlage. Besonders erfolgreich sind dabei die Unterwasserpflanzen. Für zusätzliche Wasserklärung sorgt ihre große Blattfläche, an der sich Schwebstoffe absetzen.

Natursteine als Uferbegrenzung betten den Teich harmonisch in seine Umgebung ein.

Perfekt eingerichtet auf das Leben im und am Wasser

Teichpflanzen haben sich ausgezeichnet an das Wasserleben angepaßt.
Wasserpflanzen besitzen sehr weiche Blätter, die nicht wie bei den Landpflanzen mit einer Wachsschicht versehen sind. Dadurch können sie Nährstoffe dem Wasser direkt entnehmen. Um dies in möglichst großem Umfang tun zu können, sind die zarten Unterwasserblätter meist stark zerteilt und haben dadurch eine große Oberfläche.
Viele Wasserpflanzen besitzen in ihren Stengeln ein gut ausgebildetes luftleitendes Gewebe als Atem- und Schwimmhilfe: Einerseits erhöht die Luft den Auftrieb der Blätter, andererseits werden so das Rhizom – ein Sproßteil mit Wurzelfunktion – und die Wurzeln der Pflanzen mit Sauerstoff aus der Luft versorgt, denn er wird von den Blättern aufgenommen und durch die Stengel nach unten geleitet wird.
Sumpfpflanzen haben oft große und zarte Blätter, die ihnen in ihrer feuchten Umgebung eine ausreichende Wasserverdunstung ermöglichen. Diese ist erforderlich, um Wasser mit den darin gelösten Nährstoffen über die Wurzeln aufzunehmen, zu filtern und in die oberen Pflanzenteile zu transportieren. Die Verdunstung an der Blattoberfläche wirkt dabei als treibende Kraft.

Botanisches zum Staunen

Wasserpflanzen überraschen mit einigen erstaunlichen Leistungen. Zunächst ist bemerkenswert, daß sie nicht direkt von den »Urpflanzen«, die ja im Wasser lebten, abstammen. Sie sind vielmehr ehemalige Landpflanzen, die während der Evolution wieder ins Wasser zurückwanderten. Dieser »Rückschritt« ins Wasser erforderte umfangreiche Veränderungen in ihrem Bau und ihrer Lebensweise:

- Sie haben schwimmen gelernt.
- Sie können Kohlendioxid und Sauerstoff unter Wasser austauschen.
- Sie sind in der Lage, nicht nur über ihre Wurzeln, sondern auch über ihre Blätter Nährstoffe direkt aus dem Wasser aufzunehmen.
- Blüte, Bestäubung und Fruchtverbreitung sind teilweise auch unter Wasser möglich.

Vermehrung ohne Blüten: Die Bedingungen für eine Vermehrung durch Samen sind für Blütenpflanzen unter Wasser ziemlich ungünstig. Durch die schlechte Sauerstoffversorgung am Bodengrund sterben die Samen häufig ab. Deshalb vermehren sich Blütenpflanzen im Teich meistens über Ausläufer oder Rhizomverzweigungen. So wachsen immer viele Wasserpflanzen einer Art in dichten Gruppen nebeneinander.
Wurzellose Lebenskünstler: Einige Unterwasserpflanzen wie Wasserschlauch- (*Utricularia*) und Hornblattarten (*Ceratophyllum*) entwickeln keine Wurzeln mehr. Sie nehmen die im Wasser gelösten Nährstoffe ausschließlich über die Blätter auf.
Das Hornblatt (*Ceratophyllum*, → Pflanzenporträts, Seite 56) ist nur in Gewässern vorhanden, in denen die im Wasser gelösten Nährstoffe für seine Ernährung ausreichen. Der Wasserschlauch (*Utricularia vulgaris* → Pflanzenporträts, Seite 57) besiedelt dagegen auch klare, nährstoffarme Gewässer, denn als Zusatzernährung kann er kleine Tiere wie Wasserflöhe fangen und verdauen. Als Fallen hat diese fleischfressende Pflanze einen Teil ihrer Blätter in kleine Bläschen umgewandelt, in denen Unterdruck herrscht. An der Öffnungsklappe der Bläschen befinden sich feine Borsten, die bei Berührung durch ein kleines Tierchen schlagartig zur Öffnung dieser Klappe führen. Durch den

Hier bildet die Bepflanzung des Teichs und seiner Randzone einen gelungenen Farbakkord.

Sog strudelt zum Beispiel ein Wasserfloh in die Fangblase, die Klappe schließt sich wieder, und die Beute wird verdaut.

Unterwasserblüten: Sie lassen sich zum Beispiel beim Hornblatt beobachten. Allerdings sind Unterwasserblüten ziemlich unscheinbar, da sie keine bestäubenden Insekten anlocken müssen wie »normale« Blüten mit farbenprächtigen, duftenden Blütenblättern. Wasserinsekten leben in der Regel von tierischer Nahrung und sammeln deshalb keine Blütenpollen.

Überwinterungsknospen: Um den Winter zu überdauern, bilden manche Unterwasserpflanzen kleine Knospen aus, die abfallen und im Schlamm vor dem Erfrieren geschützt sind. Aus solchen Überwinterungsknospen wachsen im Frühjahr Pflanzen wie zum Beispiel Wasserschlauch (*Utricularia*) oder Krebsschere (*Stratiotes*) wieder heran. Die Überwinterungsknospen sind klein und unscheinbar. Um sie zu schonen, sollten Sie beim Ausräumen von abgestorbenem Material im Herbst vorsichtig sein.

Praxis: Pflanzhilfen

Bereits beim Anlegen des Teiches sollten Sie viele unterschiedliche Bepflanzungsmöglichkeiten schaffen. Aber auch fertige Gartenteiche, die nicht optimal angelegt wurden, lassen sich nachträglich verbessern. Auf dieser PRAXIS-Seite finden Sie dazu Tips und Bepflanzungshilfen, mit denen Sie einen vielfältigen Pflanzenbewuchs erzielen können.

Teich mit Bodengrund

Zeichnung 1

Wenn Sie in Ihrem Gartenteich Bodengrund haben wollen, so müssen Sie je nach Neigung unterschiedliches Material verwenden. Feinmaterial wie Sand und Lehm sollte nur in die flache Sumpfzone eingebracht werden, es rutscht schon bei geringer Neigung ab. Bis das Wurzelnetz der Pflanzen dicht genug wäre, es festzuhalten, ist längst viel Material zur tiefsten Stelle gewandert.

• Für die flache Sumpfzone eignet sich ein Sand-Lehm-Kiesel-Gemisch am besten. Dieses nährstoffarme Material etwa 10 cm dick auftragen. Am äußeren Rand der Sumpfzone sollte das Material bis zur Höhe des Teichrands aufgefüllt werden, so daß kein Wasser mehr zu sehen ist (→ Zeichnung 1).

• Als Bodengrund für die Flachwasserzone eignet sich eine Mischung aus wenig Lehm und vielen Steinen. Schichten Sie das Material dort mindestens 5 cm dick auf die Folie.

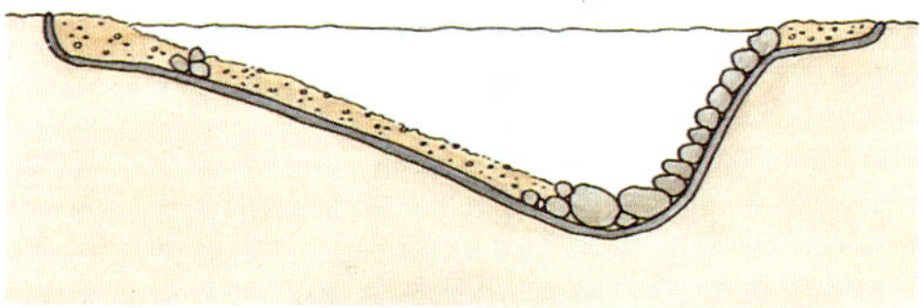

1 Geeigneter Bodengrund: Sand-Lehm-Kiesel-Gemisch für die Sumpfzone, Lehm mit Steinen für die Flachwasserzone, Legesteinmauer für Steilufer.

Legesteinmauer für steile Ufer

Zeichnung 2

Wenn die Sumpfzone an ein Steilufer grenzt, besteht die Gefahr, daß Bodengrund in die Tiefe rutscht. Eine Legesteinmauer kann den Bodengrund der Sumpfzone abstützen und gleichzeitig die Folie verkleiden (→ Zeichnung 1). Mit der Zeit werden sich von allein Pflanzen aus der Sumpf- und Flachwasserzone an der Legesteinmauer ansiedeln.

<u>So gehen Sie vor:</u>

• Besorgen Sie sich aus einem Kieswerk flache, 10 bis 20 cm große Natursteine und einige größere Blöcke mit etwa 35 cm Durchmesser.

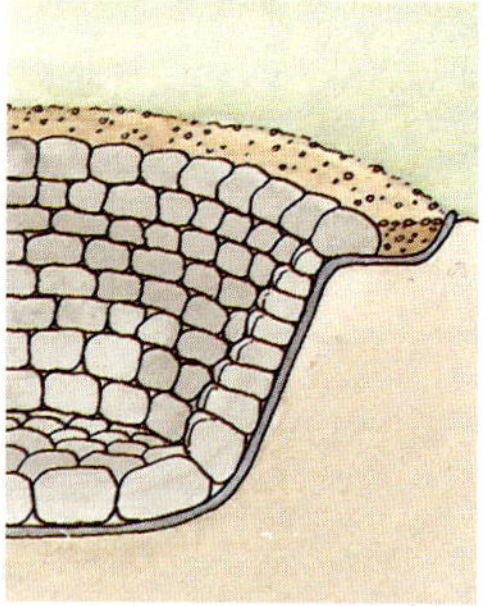

2 Legesteinmauer. Sie ist aus Natursteinen aufgeschichtet.

• Achten Sie beim Errichten der Mauer darauf, daß Sie die Ränder des Teiches nicht abtreten und die Folie nicht beschädigen.

• Legen Sie die größten Steine an die tiefste Stelle. Variieren Sie die Lage der Steine so lange, bis sie fest miteinander verkantet sind.

• Weitere, immer kleiner werdende Steine wie ein Mosaik auf Lücke aufschichten (niemals große Steine auf kleine legen!).

• Die Mauer so bis an die obere Kante des Steilufers hochziehen.

• Zuletzt stützen Sie

3 Einhängekasten. Er wird mit Halterungen für Balkonkästen befestigt.

4 Pflanzcontainer. Er kann als Pflanzeninsel mitten im Teich stehen.

im abflachenden Bereich den Bodengrund der Sumpfzone mit großen Steinen ab.

Behälter als Pflanzhilfen

Zeichnungen 3 und 4

Ganz einfach lassen sich Steilufer mit Hilfe von Pflanzgefäßen oder mit Böschungsmatten bepflanzen.

• Einhängekästen eignen sich für einen Teich, der in einem alten Schwimmbecken angelegt ist oder mit der Terrasse abschließt. Sie werden mit Halterungen für Balkonkästen befestigt und so eingehängt, daß sie mit Wasser bedeckt sind (→ Zeichnung 3). Die Halterungen mit Spezialdübeln außerhalb des Teiches verankern oder an die Innenseite der Mauer dübeln.

• Pflanzcontainer können Sie an Steilufern aufstellen oder auch als Inseln mitten in Ihren Teich setzen (→ Zeichnung 4). Als Podest dienen U-Steine (im Baustoffhandel erhältlich). Polstern Sie die Folie mit einem Folienstück (3fach gefaltet), bevor Sie den U-Stein daraufstellen, damit sie nicht beschädigt wird. Wie tief der Container im Wasser stehen soll, hängt von der Bepflanzung ab (→ Pflanzenporträts, Seite 38 bis 57).

• Böschungsmatte: Das ist eine im Fachhandel erhältliche Pflanztasche, die aus einem lockeren Kokosgeflecht besteht. Sie wird am Teichrand mit speziellen Bodendübeln befestigt, die Sie zusammen mit der Matte kaufen können. Das Geflecht wird mit nährstoffarmem Sand-Lehm-Kiesel-Gemisch gefüllt. Gut geeignet zu dessen Bepflanzung sind Sumpfpflanzen, die Ausläufer oder Rhizome bilden.

Folie richtig verlegen

Zeichnung 5

In vielen Gartenteichen läuft die Folie am Teichrand flach aus. Da dann der Teichrand mit der Sumpfzone in Verbindung steht, entziehen die dortigen Pflanzen bei Trockenheit dem Teich große Wassermengen. Die Folie muß daher am Teichrand unbedingt senkrecht nach oben verlegt werden. Dadurch werden außerdem starke Schwankungen des Wasserspiegels vermieden, die nur wenige Sumpfpflanzen vertragen. Zum Verlegen stechen Sie den äußeren Rand der Sumpfzone eine Spatentiefe ab, so daß die Folie senkrecht hochsteht (→ Zeichnung 5). Sie sollte in der Höhe des Teichrands enden und kann unter Steinen verborgen werden.

5 Die senkrecht endende Folie sorgt für eine gleichmäßig feuchte Sumpfzone, denn sie vermeidet starke Wasserstandsschwankungen.

Zwölf goldene Regeln zur Bepflanzung eines Gartenteichs

1 Achten Sie bei der Auswahl auf die Blütezeit der Pflanzen (→ Pflanzenporträts, Seite 38 bis 57), wenn Sie wollen, daß es im und am Teich vom Frühjahr bis zum Herbst blüht.

2 Wundern Sie sich beim Kauf von Seerosen nicht, wenn sie entsetzlich stinken. Oft ist das Ende des Wurzelstocks abgestorben und fault. Das ist bei Seerosen ein völlig normaler Vorgang, der die Gesundheit der Pflanzen nicht beeinträchtigt (Maßnahmen bei Faulstellen an Seerosen-Rhizomen → PRAXIS Pflege, Seite 27).

3 Lassen Sie sich nicht durch die geringe Größe der Teichpflanzen beim Einkauf täuschen, sie entwickeln sich in Kürze zu prachtvollen, kräftigen Pflanzen.

4 Pflanzen Sie bei kleinen Arten nicht mehr als 10, bei großen nicht mehr als 5 Pflanzen pro Quadratmeter (→ Pflanzdichte in den Pflanzenporträts, Seite 38 bis 57).

5 In kleinen Gartenteichen sollten Sie keine zu hohen Pflanzenarten einsetzen wie Schilf (*Phragmites australis*) oder Breitblättriger Rohrkolben (*Typha latifolia*).

6 Bepflanzen Sie die Seite des Teiches, die in Blickrichtung liegt (zum Beispiel vor der Terrasse), mit niedrigen Pflanzenarten, die den Blick nicht verstellen.

7 Verschieden große Pflanzen nicht unmittelbar zusammenpflanzen. Die kleineren würden von den großen Pflanzen völlig beschattet und verdrängt werden.

8 Pflanzen Sie niedrige Arten in Gruppen, damit sie von hochwüchsigen nicht so leicht überwachsen werden.

9 Sehr hohe Pflanzen nicht auf die Sonnenseite setzen, um die Beschattung niedrigerer zu vermeiden.

10 Unterwasserpflanzen gehören in jeden Teich, denn sie verbessern stets die Wasserqualität.

11 Bringen Sie keine zusätzlichen Nährstoffe durch Dünger oder nährstoffreiche Erde in den Teich; sie fördern damit nur das Algenwachstum.

12 Wenn Sie wollen, daß auch Frösche, Kröten und Molche Ihren Teich besiedeln, bepflanzen Sie eine Seite des Teiches dicht mit Stauden, um diesen Tierarten einen ungestörten Lebens- und Rückzugsraum zu schaffen.

Zeitpunkt zum Pflanzen

Sie können Ihren Gartenteich vom Frühjahr bis zum Herbst bepflanzen. Die beste Zeit dafür ist im Mai oder Juni, weil die Pflanzen sich gleich zu Beginn ihres Wachstums an die neuen Standortgegebenheiten anpassen können. Im Hochsommer eingesetzte Pflanzen werden erst im Folgejahr blühen.

Wichtig: Im zeitigen Frühjahr oder im Spätherbst wird oft zu dicht gepflanzt, da die Größe der ausgewachsenen Pflanzen leicht unterschätzt wird. Die meisten Teich- und Sumpfpflanzen vermehren sich häufig sehr rasch, so daß dann bald ausgedünnt werden muß. Pflanzt man weniger dicht, spart man sich damit einiges an Pflege.

Teichpflanzen einkaufen

Eine große Auswahl an Teichpflanzen haben Sie in Gartencentern, im Zoo- und Gartenfachhandel und in den speziellen Wasserpflanzengärtnereien. Auch über den Pflanzenversandhandel können Sie Teichpflanzen bestellen.

Wichtig: Bitte holen Sie sich Ihre Teichpflanzen nicht aus der Natur, denn dadurch würden Sie in jedem Fall Lebensräume schädigen und

Die Lotosblume (Nelumbo nucifera) ist empfindlich und braucht einen sonnigen, windgeschützten Standort.

bei Arten, die unter Naturschutz stehen, sogar mit dem Gesetz in Konflikt kommen. Bei der reichen Auswahl an nachgezüchteten Pflanzen, die der Handel bietet, können Sie darauf leicht verzichten.

Beim Kauf beachten

Bevor Sie sich für eine Pflanze entscheiden, informieren Sie sich über ihre Pflegebedürfnisse und wählen Sie nur solche Pflanzen aus, die für den geplanten Standort auch geeignet sind. Besonders beim Überwintern von Seerosen (→ Überwintern der Teichpflanzen, Seite 24) kann der Pflegeaufwand je nach Art sehr unterschiedlich sein.
Achten Sie beim Kauf auf folgendes:

• Alle Teichpflanzen müssen junge Triebe oder Knospen haben. Sie dürfen nicht zu viele abgeknickte oder beschädigte Blätter besitzen. Einzelne stören nicht, schneiden Sie sie beim Einpflanzen ab.

• Wasserpflanzen dürfen braun und unansehnlich aussehen, jedoch nicht angefault sein. Am richtigen Standort erholen sie sich rasch wieder.

• Bei Sumpfpflanzen muß der Wurzelstock kräftig sein. Sind junge Triebe schon zu weit entwickelt, sollten Sie sie zurückschneiden.

Transport der Pflanzen

Teichpflanzen sollten möglichst sofort eingepflanzt werden. Lange Lagerung kann ihnen schaden.
Schwimm- und Schwimmblattpflanzen transportieren Sie am besten in einem mit Wasser gefüllten Eimer. Für längeren Transport ein größeres Gefäß verwenden, damit die Schwimmblätter auf der Wasseroberfläche liegen können. Für kürzere Strecken reicht eine Plastiktüte.
Unterwasserpflanzen mit Wasser bedeckt in einem großen Gefäß transportieren. Nur kurzzeitig lagern. Wenn sie lange zu dicht aufeinander liegen, bekommen sie kein Licht und sterben ab.
Sumpfpflanzen so transportieren, daß ihre Wurzeln im Wasser stehen oder durch eine Plastiktüte vor dem Austrocknen geschützt sind. Auch bei längerer Lagerung sollten sie mit den Wurzeln im Wasser und nicht zu dicht stehen.

Praxis: Einpflanzen

Beachten Sie die Standortansprüche der Pflanzen und ihre Nährstoffbedürfnisse (→ Pflanzenporträts, Seite 38 bis 57).

Einpflanzen in den Bodengrund

Zeichnungen 1 und 2

Anspruchslose Arten: Pflanzen mit geringem Nährstoffbedarf können ohne zusätzliches Substrat direkt in den Bodengrund gesetzt werden (→ Zeichnung 1).

So gehen Sie vor:

- Umgeknickte Stengel unter der Knickstelle abschneiden.
- Wurzeln so einkürzen, daß sie im Pflanzloch nicht umgeschlagen liegen, sonst faulen sie leicht.
- Wurzeln immer anschneiden, auch wenn sie kurz sind. Dadurch wird das Wachstum angeregt.
- Mit einer Handschaufel ein Pflanzloch graben, das etwas größer als der Wurzelballen ist.
- Pflanzen einsetzen, Pflanzloch mit Bodengrund auffüllen und beachten, daß der Wurzelhals (Übergangsbereich vom Stengel zu den Wurzeln) gerade noch mit Bodengrund bedeckt ist.

1 Anspruchslose Arten ohne zusätzliches Substrat einsetzen.

2 Anspruchsvollen Arten etwas nährstoffreiche Erde beifügen.

Anspruchsvolle Arten: Für sie reicht die Nährstoffversorgung vor allem im neu angelegten Gartenteich oft nicht aus. Geben Sie diesen Pflanzen als Starthilfe etwas nährstoffreiche, aber düngerfreie Gartenerde ins Pflanzloch (→ Zeichnung 2). Sie gehen wie bei der Pflanzung anspruchsloser Arten vor, jedoch:

- Pflanzloch etwa 5 cm tiefer und breiter als der Wurzelballen ausgraben.
- Mit der einen Hand den Wurzelballen ins Pflanzloch halten, mit der anderen Hand so viel Gartenerde auffüllen, daß der Wurzelansatz knapp bedeckt ist. Erde festdrücken.
- Damit die Nährstoffe nicht ins Teichwasser gelangen, Erde mit einer Kiesschicht bedecken. Diese darf nur bis zum ersten Blattansatz reichen.

Teichpflanzen und Säuregrad des Wassers

Einige Teichpflanzen stellen besondere Ansprüche an den Kalkgehalt des Wassers. Er ist abhängig vom Säuregrad, dem sogenannten pH-Wert des Wassers.
Einer kalkliebenden Pflanze wie der Blauen Schwertlilie (*Iris sibirica*; → Pflanzenporträt, Seite 44) geben Sie deshalb zusätzlich etwas Kalk ins Pflanzloch. Einer kalkmeidenden Pflanze wie der Sumpfkalla (*Calla palustris*; → Pflanzenporträt, Seite 40) sollten Sie etwas gut verrotteten Rindenmulch ins Pflanzloch geben. Es empfiehlt sich, beide Vorgänge alle 1 bis 2 Jahre zu wiederholen.

Pflanzen im Container

Pflanzcontainer sind gut geeignet für den Bau kleiner Inseln im Teich sowie für Teiche ohne Bodengrund, aber auch für das Einpflanzen nicht winterharter Pflanzen, die zum Überwintern im Herbst leicht aus dem Teich genommen werden können.
Gitterkörbe als Pflanzcontainer sind für

3 Gitterkörbe mit Pflanzvlies auskleiden.

4 Substrat mit einer Kiesschicht bedecken.

Pflanzen zu empfehlen, die zum Überwintern aus dem Teich genommen werden müssen, da sie nicht so schwer sind und das Wasser leicht ablaufen kann. Sie haben aber den Nachteil, daß Nährstoffe leicht ins Wasser gelangen. Kleiden Sie Gitterkörbe daher am besten mit einem Pflanzvlies aus, das in jedem Gartenfachgeschäft erhältlich ist.
Geschlossene Container erschweren zwar die Bodendurchlüftung, aber die meisten Teichpflanzen besitzen ein luftleitendes Gewebe (→ Seite 10), da auch an ihrem natürlichen Standort im Wurzelbereich Sauerstoffmangel herrscht.

Hinweis: Für die Anlage einer Pflanzeninsel sollte der Container einen Durchmesser von 80 bis 120 cm haben, für Einzelpflanzen reichen etwa 40 cm.
So werden Container bepflanzt:
- Gitterkörbe mit Pflanzvlies auskleiden (→ Zeichnung 3).
- Korb mit nährstoffarmem Substrat auffüllen (Sand-Lehm-Kiesel-Gemisch), bei anspruchsvollen Pflanzen zusätzlich Gartenerde zugeben.
- Überstehendes Vlies abschneiden und den Rand nach innen umschlagen.
- Substratoberfläche mit Kiesschicht bedecken (→ Zeichnung 4).

Einsetzen von Rhizompflanzen

Die Rhizome müssen in der Regel waagrecht liegen, egal ob die Pflanzen im Bodengrund oder im Container sitzen. Da Rhizome Luft enthalten, müssen sie mit Steinen beschwert werden, damit sie nicht an die Wasseroberfläche treiben. Vor dem Einpflanzen sollten Sie die Wurzeln einkürzen.
So pflanzen Sie Seerosen ein:
- Nicht winterharte Seerosen am besten in Pflanzcontainer setzen, winterharte Arten können dagegen in den Bodengrund gesetzt werden.
- Das Rhizom leicht schräg einsetzen; die Blattansätze sollten etwas herausschauen.
- Fügen Sie etwas nährstoffreiche Erde, aber kein Düngemittel bei.

Nachpflanzen

Zeichnung 5

Zum Nachpflanzen der Unterwasserpflanzen binden Sie die Pflanze fest mit Bindfaden an einen Stein und versenken den »Pflanzstein« gezielt am vorgesehenen Standort. Versenken Sie Teichrosen aber vorsichtig mit einer Grabgabel, da Sie dann darauf achten können, daß das Rhizom waagerecht auf dem Bodengrund liegt.

5 Nachpflanztrick: Unterwasserpflanzen und Teichrosen mit Bindfaden an einen Stein binden und im Teich versenken.

Bepflanzungsvorschlag für einen Gartenteich

Die Zeichnung zeigt einen Modellteich, der einen Durchmesser von etwa 6 m an der breitesten Stelle hat. Er ist eingeteilt in Sumpfzone (A bis E), Flachwasserzone (F), Tiefwasserzone (G), eine Pflanzeninsel (H), und den Teichrand (I und K). Für jede dieser Zonen finden Sie im Text auf dieser Doppelseite einen Bepflanzungsvorschlag, der Anzahl und Art geeigneter Pflanzen nennt.

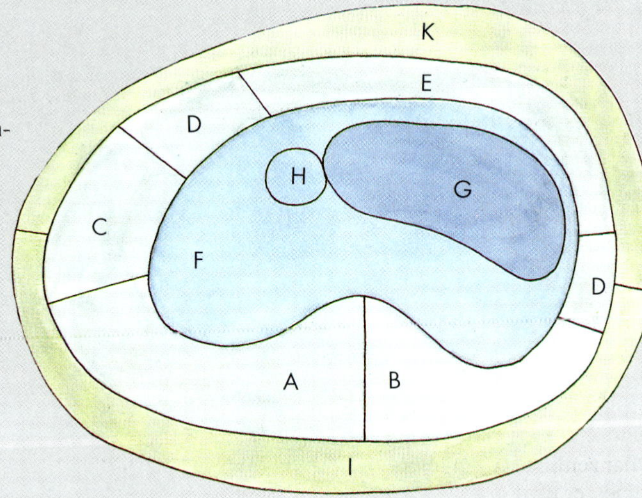

Detaillierter Bepflanzungsvorschlag für alle Teichzonen

A Sumpfzone (sonnig, niedriger Bewuchs, in Blickrichtung): 3 Bachbungen (*Veronica beccabunga*); 1 Sumpfvergißmeinnicht (*Myosotis palustris*); 2 Sumpfdotterblumen (*Caltha palustris*); 2 Blaue Schwertlilien (*Iris sibirica*); 3 Fieberklee (*Menyanthes trifoliata*); 3 Pfennigkräuter (*Lysimachia nummularia*); 2 Tannenwedel (*Hippuris vulgaris*).

B Sumpfzone (halbschattig, etwas höhere Pflanzen): 2 Schlangenknöteriche (*Polygonum bistorta*); 3 Breitblättrige Wollgräser (*Eriophorum latifolium*); 1 Fieberklee (*Menyanthes trifoliata*); 3 Gelbe Schwertlilien (*Iris pseudacorus*); 1 Trollblume (*Trollius europaeus*).

C Sumpfzone (sonnig, hohe Pflanzen): 1 Gelbe Schwertlilie (*Iris pseudacorus*); 2 Pfeilkräuter (*Sagittaria sagittifolia*); 1 Wasserknöterich (*Polygonum amphibium*); 1 Sumpfkalla (*Calla palustris*); 2 Aufrechte Igelkolben (*Sparganium erectum*); 1 Blutweiderich (*Lythrum salicaria*); 2 Hängeseggen (*Carex pendula*).

D Sumpfzone (sonnig bis halbschattig, hohe Pflanzen): 2 Pfeifengräser (*Molinia caerulea*); 2 Pestwurze (*Petasites hybridus*).

E Sumpfzone (halbschattig, hohe Pflanzen als Abschluß): 2 Wasserdoste (*Eupatorium cannabinum*); 1 Gemeines Schilf (*Phragmites australis*); 2 Mädesüß (*Filipendula ulmaria*).

F Flachwasserzone: 2 Zungenhahnenfuß (*Ranunculus

lingua); 3 Seekannen (*Nymphoides peltata*); 1 Schwimmendes Laichkraut (*Potamogeton natans*); 2 Wasserfedern (*Hottonia palustris*); 3 Armleuchteralgen (*Chara*-Arten); 2 Sumpfblutaugen (*Potentilla palustris*).

G Tiefwasserzone: 1 Seerose (*Nymphaea*); 3 Quirlblättrige Tausendblätter (*Myriophyllum verticillatum*); 3 Rauhe Hornblätter (*Ceratophyllum demersum*); 3 Gewöhnliche Wasserschläuche (*Utricularia vulgaris*).

H Pflanzeninsel (Containerdurchmesser etwa 1 m): 2 Schwanenblumen (*Butomus umbellatus*); 5 Tannenwedel (*Hippuris vulgaris*); 2 Breitblättrige Rohrkolben (*Typha latifolia*). Neben dem Container 3 Krebsscheren (*Stratiotes aloides*).

I Teichrand (Südseite): 1 Gilbweiderich (*Lysimachia punctata*); 3 Schwertlilien (*Iris kaempferi*); 5 Wasserminzen (*Mentha aquatica*); 3 Pfennigkräuter (*Lysimachia nummularia*).

K Teichrand (Nordseite): 1 Wasserdost (*Eupatorium cannabinum*); 1 Mädesüß (*Filipendula ulmaria*); 3 Zottige Weidenröschen (*Epilobium hirsutum*); 1 Waldgeißbart (*Aruncus dioicus*).

Pflanzen für den Schattenteich

In einem Gartenteich, der im lichten Schatten von Laubgehölzen angelegt ist, gedeihen nur spezielle, schattenverträgliche Pflanzenarten. Von der Anlage eines Gartenteiches im dunklen Schatten von dichten Nadelgehölzen ist ganz abzuraten.

Pflanzenname	Wassertiefe	Zahl/m^2
Brunnenkresse (*Nasturtium officinale*)	0–3 cm	5
Gelbe Schwertlilie (*Iris pseudacorus*)	0–10 cm	3
Gemeines Schilf (*Phragmites australis*)	0–30 cm	5
Hängesegge (*Carex pendula*)	0–10 cm	2
Krauses Laichkraut (*Potamogeton crispus*)	20–50 cm	4*
Pfeilkraut (*Sagittaria sagittifolia*)	0–20 cm	2
Pfennigkraut (*Lysimachia nummularia*)	0–10 cm	5
Rauhes Hornblatt (*Ceratophyllum demersum*)	schwimmend	5
Scheinzypergras-Segge (*Carex pseudocyperus*)	0–10 cm	2
Schwanenblume (*Butomus umbellatus*)	0–10 cm	5
Schwimmendes Laichkraut (*Potamogeton natans*)	ab 40 cm	3*
Sumpfblutauge (*Potentilla palustris*)	10–40 cm	2
Sumpfkalla (*Calla palustris*)	0 cm	2
Sumpfdotterblume (*Caltha palustris*)	0–5 cm	2
Sumpffarn (*Thelypteris palustris*)	0–3 cm	2
Tannenwedel (*Hippuris vulgaris*)	5–20 cm	5*

* in Gruppen anpflanzen

Damit es grünt und blüht im Gartenteich

Teichpflanzen pflegen

Wenn Sie Ihren Gartenteich fachgerecht bepflanzt haben, ist die Pflege der Pflanzen nicht sehr aufwendig. Im Sommer beschränkt sich die Pflege auf wenige Handgriffe. Auch das Vermehren von Teichpflanzen ist einfach, und wir zeigen Ihnen, wie's geht.

Foto oben: Die Weiße Seerose (Nymphaea alba) öffnet ihre Blüten nur tagsüber.
Foto links: Romantisch schön – im Hintergrund eine üppige, hochwüchsige Bepflanzung, vorne ein »Wäldchen« aus Tannenwedeln (Hippuris vulgaris).

Nährstoffgehalt und Düngung

Unabhängig davon, ob Sie Teichpflanzen in den Bodengrund, in Pflanzcontainern wie zum Beispiel Gitterkörben, in Einhängekästen oder in Böschungsmatten in den Teich einsetzen, ergeben sich bei der Pflege kaum Unterschiede. Um das Gleichgewicht im Teich nicht zu gefährden, ist es in jedem Fall unbedingt notwendig, auf jede Art von zusätzlicher Nährstoffzufuhr zu verzichten. Die Teichpflanzen dürfen also keinesfalls gedüngt werden. Für ihre Ernährung reichen die Nährstoffe aus, die bereits im Wasser und im Bodengrund vorhanden sind.

Warum zuviele Nährstoffe schaden

Anders als in Blumenbeeten ist der Schaden durch eine zu hohe Nährstoffmenge im Gartenteich wesentlich größer. Schlechte Wasserqualität und eine trübe, von Algen verunreinigte Brühe sind die unvermeidlichen Folgen. Sumpfpflanzen gedeihen zwar weiterhin recht gut, doch für Unterwasserpflanzen und die Wassertiere kann diese Wasserveränderung tödlich sein. Im Extremfall kommt es sogar zum »Umkippen« des Teiches. Dabei spielt sich folgendes ab: Durch eine überhöhte Nährstoffmenge wird zunächst das Algenwachstum stark gefördert, da von den Algen die Nährstoffe viel schneller genutzt werden können als von den anderen Teichpflanzen. Das Wasser wird grün und trüb, Licht gelangt nur noch in den obersten Bereich. Aus Lichtmangel sterben Algen und Unterwasserpflanzen schließlich ab. Bei ihrer Zersetzung durch Bakterien und Pilze wird der Sauerstoff im Wasser restlos verbraucht, Fische und andere Teichtiere sterben ab. Die Fäulnisbakterien vermehren sich stark, und der Teich riecht nach faulen Eiern.

Wichtig: Verzichten Sie auch am trockenen Teichrand auf Düngemittel, die sich schnell im Wasser lösen und bei Regen in den Teich gespült werden. Nährstoffbedürftige Arten am Teichrand kann man mit etwas Kompost düngen, der nur langsam Nährstoffe abgibt. Jedoch muß auch damit sparsam umgegangen werden.

Der Säuregrad des Teichwassers

Bei der Pflege von Teichpflanzen sollten Sie den Säuregrad (pH-Wert) des Wassers nicht außer acht lassen. In jedem natürlichen Gewässer ist eine bestimmte Menge von sauer und alkalisch reagierenden Substanzen gelöst. Enthält Wasser mehr Säuren als Laugen, ist es sauer und hat einen pH-Wert unter 7. Enthält es mehr Laugen als Säuren, ist es alkalisch und hat einen pH-Wert über 7. Wasser, in dem sich Säuren und Laugen im Gleichgewicht befinden, ist chemisch neutral, was einem pH-Wert von 7 entspricht.
Um den pH-Wert Ihres Teichwassers zu bestimmen, können Sie Indikatorpapier (→ Seite 36) verwenden.
Der pH-Wert Ihres Teiches wird mit der Zeit etwas abnehmen und sich zwischen pH 6 und 6,9 einpendeln, was aber nicht schadet.

Pflanzen mit besonderen Ansprüchen

Die meisten Teichpflanzen gedeihen bei etwa neutralem Säuregrad am besten. Es gibt aber auch Arten mit abweichenden Ansprüchen (→ Pflanzenporträts, Seite 38 bis 57). Bei solchen Arten, die einen pH-Wert über 8 bevorzugen, fügen Sie dem Wurzelballen etwas Kalk zu, der die Säure neutralisiert. Pflanzen, die nur in sehr saurem Boden (pH-Wert unter 5) gedeihen, geben Sie gut verrotteten Rindenmulch zum Wurzelballen, da dieser sauer wirkt.

Auslichten der Teichpflanzen

Das Auslichten ist nicht nur eine Pflegemaßnahme für die Teichpflanzen, sondern es verringert auch den Nährstoffgehalt des Teichwassers. Im Pflanzenmaterial sind viele Nährstoffe gebunden, die bei der Zersetzung der abgestorbenen Pflanzenteile wieder ins Wasser gelangen würden.
Auslichten sollten Sie, wenn

- wuchskräftige Arten kleinere, lichtbedürftige Pflanzen überwachsen.
- Sie im Teich ausläuferbildende, wuchernde Arten wie Rohrkolben (*Typha*) haben. Schneiden Sie die in die Teichmitte wachsenden Ausläufer ab, denn sie verkleinern die offene Wasserfläche vor allem bei kleineren Teichen sehr schnell.
- Schwimm- und Schwimmblattpflanzen so wuchern, daß sie große Teile der Teichoberfläche bedecken. Fischen Sie die Pflanzen ab oder schneiden Sie einige Blätter nahe am Ansatz ab, sonst leiden die Unterwasserpflanzen an Lichtmangel.

Beim Schneiden beachten:

- Wenn Sie Sumpfpflanzen auslichten, sollten Sie sie über dem Wasserspiegel schneiden, um Fäulnis zu vermeiden. Schneidet man sie unter der Wasseroberfläche ab, so dringt Wasser in die lufterfüllten Stengel, die Sauerstoffversorgung der Rhizome und Wurzeln leidet und die Pflanze beginnt zu faulen.
- Das Zurückschneiden sollte so erfolgen, daß die Beschattung niedrigwüchsiger Arten, die im allgemeinen auch die lichtbedürftigsten sind, verringert wird.
- Pflanzen, die kein sehr üppiges Wachstum zeigen, sollten Sie möglichst wenig schneiden, da sie sonst von rascher nachwachsenden Konkurrenten überwuchert werden.

Wichtig: Damit die Teichpflanzen auch nach dem Rückschnitt noch ein hübsches Wuchsbild zeigen, sollte man stets einzelne Stengel möglichst tief herausnehmen, niemals jedoch sämtliche Stengel auf gleiche Höhe kappen.

Der Blutweiderich (Lythrum salicaria) hat eine intensive Blütenfarbe und ist sehr unempfindlich.

Pflege im Herbst

Im Herbst treibt der Wind Laub, Zapfen und Früchte in den Gartenteich, die unerwünschte Nährstoffe zuführen und die Wasserqualität rasch verschlechtern. Kleine Mengen Fallaub werden abgebaut und dienen später als natürlicher Dünger, sie brauchen nicht entfernt zu werden. Größere Mengen müssen Sie jedoch unbedingt mit einem Kescher von der Wasseroberfläche abfischen.
Sind Früchte, Zapfen oder Laub bereits auf den Teichgrund abgesunken, verwenden Sie beim Säubern des Teichgrundes am besten einen Kescher und keinen Rechen, der sehr leicht Wasserpflanzen und vor allem die Teichfolie verletzt.
Die vielen abgestorbenen, hohlen Stengel der Röhrichtpflanzen, die im Herbst aus dem Wasser ragen, sollten Sie erst nach ein paar warmen Tagen im Frühjahr über Wasser abschneiden. In ihnen überwintern viele Kleintiere und sie dienen außerdem der Sauerstoffversorgung der Rhizome, wenn der Teich im Winter mit einer dicken Eisschicht bedeckt ist.

Überwintern der Teichpflanzen

Wie Ihre Teichpflanzen am besten den Winter überstehen, hängt zunächst davon ab, ob sie winterhart sind oder nicht.
Winterharte Teichpflanzen überwintern am besten im Teich. Auf diese Weise erleiden ihre Wurzeln keinen Schaden, der beim Herausnehmen von größeren Pflanzen fast unvermeidlich ist. Viele Teichpflanzen ziehen im Herbst ein, das heißt, sie verlagern Nährstoffe aus den Blättern in überwinternde Teile wie Wurzeln und Rhizome. Die Blätter sterben dann ab. Manche Arten überwintern nur in Form von kleinen Überwinterungsknospen (→ Seite 11) und sind in diesem Zustand kaum sichtbar. In allen diesen Fällen müssen Sie sich keine Gedanken um das Überwintern der Pflanzen machen, sie sorgen bestens für sich selbst.
Nicht winterharte Teichpflanzen, wie manche Seerosen (*Nymphaea*; → Pflanzenporträts, Seite 53) müssen zum Überwintern aus dem Teich genommen werden. Sie werden daher am besten nur in Pflanzcontainern (→ PRAXIS Einpflanzen, Seite 16) in den Gartenteich gepflanzt. So vermeiden Sie beim Herausnehmen im Herbst große Schäden an den Wurzeln und auch an anderen Teichpflanzen. Die Pflanzen sollten im Container an einem kühlen, aber frostsicheren Ort überwintern, zum Beispiel am Kellerfenster oder im Wintergarten. Der Container muß dabei in einem größeren Behälter unter Wasser stehen. Bei weniger empfindlichen Arten können Sie ihn auch mit einer dicken Laubschicht bedeckt im Freien stehen lassen. Gießen müssen Sie den Pflanzcontainer dann nur bei längeren Trockenzeiten, um ihn immer feucht zu halten.
Tropische Seerosen werden in einem geheizten Becken mit einer Mindesttemperatur von 20° C überwintert und dürfen nicht vor Ende Mai, also wenn keine Spätfröste mehr zu erwarten sind, in den Teich zurück.

Nachpflanzen

Ein gewisser Grundstock an Pflanzen (→ Bepflanzungsvorschlag, Seite 18) gibt über die Jahre hinweg dem Gartenteich sein Gesicht. Die fortlaufende Entwicklung der Teichbepflanzung sorgt besonders in den ersten Jahren für unterschiedlichste Wachstumsbedingungen. Beim Nachpflanzen können Sie deshalb ruhig auch wieder Arten ausprobieren, die in den ersten Jahren nicht recht gedeihen wollten. Es ist durchaus möglich, daß sie sich mit einem Male nun

Die Sumpfdotterblume (Caltha palustris) ist ein Frühlingsbote, denn sie bildet bereits im April gelbe Blütenpolster.

doch in Ihrem Teich wohlfühlen. Wenn Sie neue Pflanzenarten in einen bereis eingewachsenen Teich einbringen wollen, genügt es, die benachbarten Pflanzen lediglich etwas auszulichten, um den Neulingen Licht und die Chance zum Anwachsen zu geben.

Bei größerem Fischbesatz sollten Sie häufiger Unterwasserpflanzen nachpflanzen, da manche Fischarten besonders die weicheren Unterwasserpflanzen als Nahrung bevorzugen.

Teichwasser auswechseln und nachfüllen

Im gut »funktionierenden« Gartenteich herrscht ein biologisches Gleichgewicht, das durch Eingriffe wie Wasserwechsel nicht gestört werden sollte. Es gibt jedoch Ausnahmen, die es notwendig machen, das Wasser auszutauschen:

• Wenn die Wasseroberfläche mit einer öligen Schicht bedeckt ist, und viele Teichtiere sterben, weil Regenwasser über das Hausdach in den Teich geleitet wurde. Dabei werden Schadstoffe, die sich auf dem Dach und in der Regenrinne ansammelten, in das Teichwasser hineingewaschen. Versauerung des Wassers und eine Anreicherung von Chemikalien ist die Folge.

• Wenn ein Betonteich vor der Bepflanzung nicht ausreichend gewässert wurde und giftige Stoffe, die sich aus dem Beton lösen, zum Tiersterben führen.

Wichtig: Auf jeden Fall sollten Sie beim Wasserwechsel schonend vorgehen und nur etwa die Hälfte des Wassers abpumpen, um frisches nachzufüllen. Oft reicht bereits dieser Verdünnungseffekt, um das Gleichgewicht wieder herzustellen.

Wasser nachfüllen: Ist der Wasserspiegel vor allem bei kleinen Teichen während längerer Trockenzeiten stark abgesunken, sollten Sie soviel Wasser nachfüllen, bis der alte Pegel in etwa wieder erreicht ist. Wichtig ist es, das Wasser dabei langsam einfließen zu lassen, damit Pflanzen und Tiere keinen Temperaturschock erleiden und der Bodengrund nicht unnötig aufgewirbelt wird.

Praxis: Pflege

Auslichten und Schneiden

Zeichnungen 1 bis 3

Das Auslichten und Schneiden von wuchernden Teichpflanzen ist notwendig, da sie die freie Wasserfläche verkleinern und anderen Pflanzen Platz und Licht nehmen. Abgestorbene und faulende Pflanzenstengel müssen ebenfalls entfernt werden, weil sie die Wasserqualität verschlechtern.
Aus Inselcontainern herauswuchernde Rhizome: Sie sind im Teich gut sichtbar und können leicht abgeschnitten werden. Zum Schneiden eignet sich ein Baumschneider mit langem Stiel (in jedem Gartenfachgeschäft erhältlich). Schneiden Sie alle Rhizome ab, die weiter als 30 cm aus dem Container herauswachsen (→ Zeichnung 1), die nach oben wachsenden aber nur so weit, daß sie seinen Rand noch verbergen.
Röhrichtschnitt: Verwenden Sie zum Schneiden dicker Einzelstengel wie von Rohrkolben (*Typha*) ein scharfes Messer. Für Schilf- und Seggenbestände eignet sich auch eine Heckenschere. Schneiden Sie die Pflanzenstengel etwa 5 cm über der Wasseroberfläche ab (→ Zeichnung 2). Nicht unter der Oberfläche schneiden, sonst dringt Wasser in die Stengel ein und die Pflanze fault.
Wuchernde Sumpfpflanzen im Bodengrund: Wenn sie zu weit in die Teichmitte wachsen, sollten die Rhizome möglichst nahe am Sumpfzonenrand abgeschnitten werden. Können Sie im Bodengrund eingewachsene Rhizome nicht erreichen, schneiden Sie die Jungpflanzen, die zu weit in den Teich gewachsen sind, möglichst nahe am Rhizom unter Wasser ab (→ Zeichnung 3).

1 Zu weit in den Teich wuchernde Rhizome abschneiden. Bei Inselcontainern dazu einen Baumschneider verwenden.

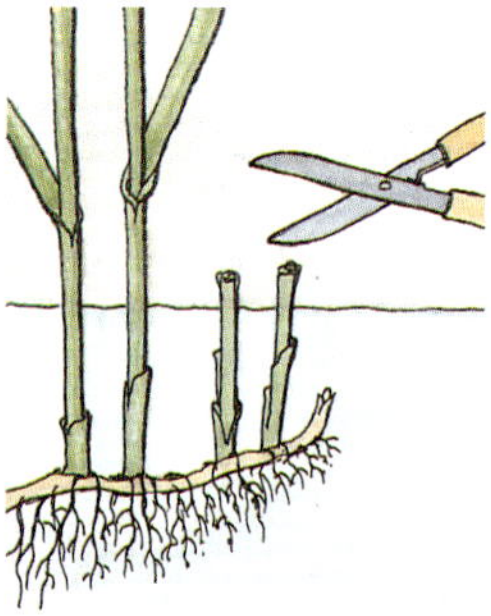

2 Röhrichtstengel etwa 5 cm über dem Wasserspiegel abschneiden.

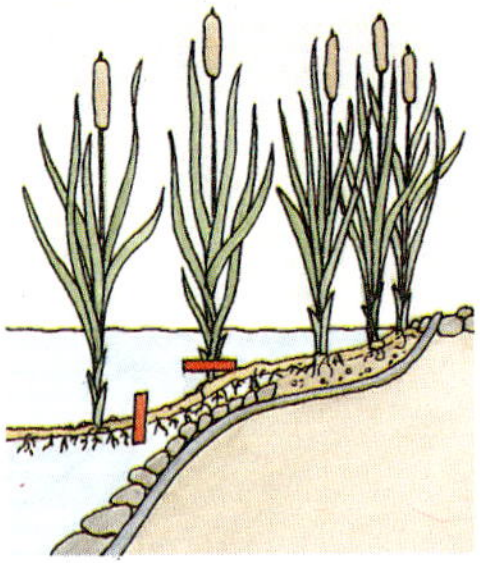

3 Bei Sumpfpflanzen Rhizome oder Jungpflanzen abschneiden.

Unterwasserpflanzen als Nährstoff-Fallen

Setzen Sie in Ihren Gartenteich genügend Unterwasserpflanzen ein. Denn sie binden viele Nährstoffe. Wenn sie jedoch zu üppig wachsen, sollten Sie im Spätsommer mit einem stumpfzinkigen Rechen etwa die Hälfte des Bestandes entfernen. So verringern Sie den Nährstoffgehalt des Teiches. Die entnommenen Pflanzen sollten etwa einen Tag auf einem Haufen dicht neben dem Teich liegen bleiben, damit darin verborgene Wassertiere in den Teich zurückwandern können.

Seerosenpflege

Zeichnungen 4 und 5

Seerosen haben je nach Art und Sorte unterschiedliche Pflegeansprüche. Die in unseren Breiten heimische Weiße Seerose (*Nymphaea alba*) ist sehr robust und pflegeleicht, während tropische Arten und einige Züchtungen sehr empfindlich sind und nur bei optimalen Lebensbedingungen gedeihen (→ Pflanzenporträt, Seite 53).

Rhizompflege: Bevor Sie das Rhizom einpflanzen, sollten alle fauligen Stellen entfernt werden (→ Zeichnung 4). Am Ende wird das Rhizom immer angefault sein, wie Sie am Geruch und dem weichen, schwammigen Gewebe leicht erkennen. Kürzen Sie das Rhizom mit einem scharfen Messer so weit ein, daß auch alle abgefaulten Wurzeln entfernt sind. Faulige Stellen am vorderen Rhizomteil sollten ebenfalls gründlich herausgeschnitten werden. Für kleine Stellen ist ein Okuliermesser, das gewöhnlich zum Veredeln oder Pfropfen von Pflanzen verwendet wird, gut geeignet. Um die Wunden vor Fäulnis zu schützen, sollte mit einem Pinsel Aktivkohle oder Holzkohlenstaub aufgetragen werden (→ Zeichnung 5).

Hochstehende Blätter abschneiden: Bei zu dichter Bepflanzung, starker Beschattung oder zu geringer Wassertiefe schieben die Seerosen ihre Blätter übereinander und entwickeln nur wenige Blüten. Bei zu starker Beschattung oder zu geringer Wassertiefe sollten Sie die Pflanzen herausnehmen und an einem günstigeren Standort einsetzen. Bei zu dichter Bepflanzung können Sie entweder einzelne Pflanzen herausnehmen oder von den kräftigen Pflanzen einige Blätter abschneiden. Um das Rhizom dabei nicht zu verletzen, sollten Sie die Blattstiele mit einer scharfen Schere oder mit einem Baumschneider im Wasser dicht über dem Rhizom abschneiden.

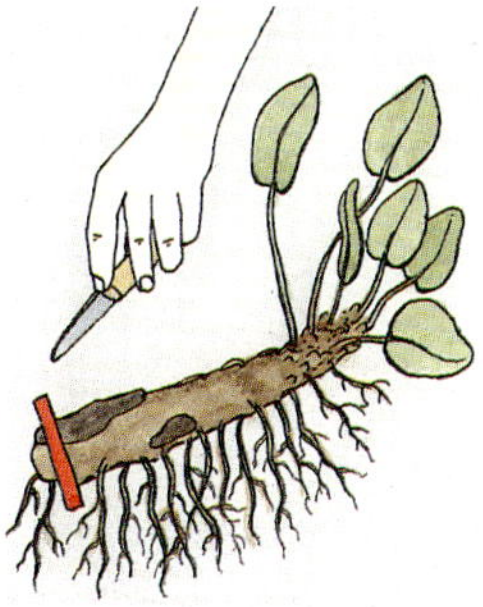

4 Vor dem Einpflanzen alle fauligen Stellen gründlich entfernen.

5 Auf Schnittstellen Aktivkohle oder Holzkohlenstaub pinseln.

Rhizomteilung: Auch bei günstigem Standort und ausreichend Platz können die Seerosenblätter übereinander wachsen und hochstehen. Dann empfiehlt es sich, die Pflanzen zu verjüngen. Diese Arbeit sollte im Herbst oder Frühjahr vorgenommen werden. Nehmen Sie dazu die ganze Pflanze aus dem Teich und trennen Sie die Tochterpflanzen an den Rhizomverzweigungen ab (→ PRAXIS Vermehren, Seite 30). Das Rhizom der kräftigsten Pflanze können Sie dann zum Einpflanzen vorbereiten, wie in Zeichnung 4 und 5 dargestellt. Oft sind aus Rhizomteilen mehrere Seerosenpflanzen entstanden, da die Verbindungen abgefault sind. Nehmen Sie in diesem Fall die schwächeren heraus und lassen Sie nur die kräftigsten im Teich.

Substratwechsel: Wenn die Seerosen trotz günstigem Standort und ausreichend Platz immer kleiner werden, leiden sie wahrscheinlich an Nährstoffmangel. Vor allem bei Containerpflanzen sollten Sie dann das Substrat auswechseln. Heben Sie den Pflanzcontainer im Herbst oder Frühjahr aus dem Teich und füllen Sie dann neues Substrat in den Container (→ PRAXIS Einpflanzen, Seite 16).

Wasserfilter und Belüfter

Bei fachgerecht angelegten Gartenteichen, in denen keine oder nur wenige Fische leben, sind Filter und Wasserbelüfter nicht notwendig. Sind derartige Geräte jedoch installiert, weil Sie eine größere Anzahl Fische in Ihrem Teich halten, achten Sie bitte darauf, daß die Wasserbewegung durch die Filteranlage und den Belüfter nicht zu stark ist. Wellenschlag durch plätscherndes Wasser stört vor allem die Teichpflanzen, deren natürlicher Lebensraum stehende Gewässer sind. Schwimmblattpflanzen wie See- und Teichrosen (*Nymphaea*, *Nuphar*) oder das Schwimmende Laichkraut (*Potamogeton natans*) geraten dadurch in Bedrängnis. Im Filter bitte keine chemischen Zusätze verwenden!

Wiedereinschalten des Filters: Wird eine Filteranlage nach längerem Abschalten wieder eingeschaltet, sollten Sie den ersten Wasserschwall aus dem Teich hinausleiten. Denn im abgeschalteten Filter befinden sich größere Mengen organischer Substanzen, die von Bakterien und Pilzen zersetzt werden. Dabei entstehen Fäulnisstoffe, die beim Wiedereinschalten des Filters in den Teich gepumpt und die Wasserqualität verschlechtern würden.

Abschaffen des Filters: Wollen Sie eine Filteranlage ganz abschaffen, dauert die Umstellung einige Zeit, in der der Teich nicht so klar wie zuvor ist. Durch den gezielten Einsatz von Unterwasserpflanzen, die über ihre Blätter sehr erfolgreich die im Wasser gelösten Nährstoffe aufnehmen (→ Seite 8), können Sie die Klärung beschleunigen.

Pflanzenschutz im Gartenteich

Pflanzenschutz am und im Gartenteich geschieht durch vorbeugende Maßnahmen. Die wichtigste Maßnahme ist die Wahl des richtigen Standorts für die jeweiligen Pflanzen (→ Pflanzenporträts, Seite 38 bis 57).

Im Teich dürfen chemische Pflanzenschutzmittel auf keinen Fall verwendet werden, da sie die Wasserqualität erheblich verschlechtern und für Teichtiere giftig sind. Verwenden Sie auch keine biologischen Pflanzenbrühen oder Seifenlaugen. Sie können im Wasser Ihres Gartenteiches großen Schaden anrichten und die Lebensgemeinschaft von Pflanzen und Tieren empfindlich stören.

Am trockenen Teichrand können in Ausnahmefällen biologische Mittel wie Brühen oder Schmierseifelösungen eingesetzt werden. Sprühen Sie diese Mittel nicht in Richtung des Wassers, damit nichts davon in Ihren Teich gelangt. Verzichten Sie ganz auf die Verwendung von chemischen Mitteln. Sie sind auch nach ihrem »Abbau« noch in anderer Form im Boden vorhanden und können für das Teich- und Bodenleben schädlich sein.

Krankheiten und Schädlinge

Am richtigen Standort werden Teichpflanzen im allgemeinen nur selten von Krankheiten und Schädlingen befallen, vorausgesetzt Sie haben nur gesunde, einwandfreie Pflanzen erworben. Von den gelegentlich dennoch auftretenden Krankheiten und Schädlingen werden die wichtigsten nachfolgend beschrieben.

Mehltau: Häufiger zu beobachten ist der sogenannte Echte Mehltau, der einen weißlichen Belag auf den Blattober- und -unterseiten verursacht. Er befällt besonders Stauden am Teichrand, wie zum Beispiel Mädesüß (*Filipendula ulmaria*). Befallen werden meist Pflanzen, die zu trocken stehen und dadurch bereits vorgeschädigt sind. Bei trockener Witterung hilft ausgiebiges Wässern. Wird eine Pflanze immer wieder befallen, sollte sie entfernt werden.

Eiablage bei der Frühen Adonislibelle (Pyrrhosoma nymphula).

Iris-Rost: Eine weitere Pilzkrankheit, die bei Schwertlilien (*Iris*) ab und zu vorkommt, ist der Iris-Rost. Dieser Pilz bildet gelb-orangefarbene, punktartige Flecken auf den Blättern. Befallen werden hauptsächlich nässeliebende Arten, die zu trocken stehen. Stark befallene Pflanzen vernichtet man am besten und setzt dafür neue am richtigen Standort ein.

Seerosenzünsler: Der Seerosenzünsler (*Nymphula numphaeata*) ist ein Wasserschmetterling, dessen gefräßige Raupen mitunter einigen Schaden an Seerosen anrichten können (→ Zeichnung Seite 32). Ihre lochartigen Fraßspuren an den Schwimmblättern der Seerose sind deutlich sichtbar. Gesunde Seerosen verkraften jedoch diese »Mitesser«. Falls sie überhandnehmen, sammeln Sie die Raupen einfach ab oder entfernen die zerfressenen Blätter.

Seerosenblattkäfer: Ein weiterer Schädling, der Seerosen befallen kann, ist der Seerosenblattkäfer (*Galerucella nymphaeae*). Der Käfer ist dunkelbraun und 1 bis 2 cm groß. Seine Larve frißt in die Blätter der Seerosen Gänge, die braun werden und vertrocknen. Größeren Schaden richtet dieser Schädling nur selten an. Im Gartenteich können Sie den Käfer und die Larven einfach absammeln.

Schnecken: Altbekannte Schädlinge sind die Gartenschnecken, die manchmal bis in die Sumpfzone vordringen. Wenn sie überhandnehmen, sammeln Sie die Schnecken per Hand ab.

Praxis: Vermehren

Viele Teichpflanzen lassen sich ohne größere Probleme vermehren. Meist ist eine Teilung am einfachsten. Gedeiht eine Pflanze aber nicht sehr üppig oder erscheint eine Teilung zu aufwendig, können Sie die Pflanze vielleicht auch durch Samen vermehren, je nachdem, ob sie sich dafür eignet (→ Pflanzenporträts, Seite 38 bis 57).

Vermehren durch Ausläufer

Zeichnung 1

Manche Pflanzen bilden Ausläufer, an denen sich Tochterpflanzen entwickeln. Zum Vermehren trennen Sie die im Wasser flutenden Ausläufer (zum Beispiel der Krebsschere, *Stratiotes aloides*) mit einem scharfen Messer oder einer Gartenschere ab (→ Zeichnung 1). Schneiden Sie aber nur diejenigen Ausläufer, die bereits eigene Wurzeln gebildet haben.

1 Bewurzelten Ausläufer von der Mutterpflanze abtrennen.

Rhizomteilung

Zeichnung 2

Nehmen Sie im Herbst oder Frühjahr die Pflanze, beispielweise eine Seerose (*Nymphaea*), zur Rhizomteilung aus dem Teich. Dabei sollten Sie sehr vorsichtig sein, um das Rhizom nicht zu verletzen und möglichst viele Wurzeln zu erhalten. Sie können die Pflanze nur teilen, wenn sich am Rhizom Seitenverzweigungen (Tochterpflanzen) gebildet haben, die über eigene Wurzeln verfügen. Trennen Sie das Tochterrhizom mit einem scharfen Messer so ab, daß die Schnittfläche möglichst klein ist und an der Mutterpflanze kein Stumpf übrigbleibt, der abfaulen würde (→ Zeichnung 2). Die Wundflächen sollten Sie mit Aktivkohle oder Holzkohlenstaub bestreichen, um die Ansiedlung von Fäulniserregern zu verhindern (→ PRAXIS Pflege, Seite 27). Sehr robuste Pflanzen mit verzweigten Rhizomen (zum Beispiel Schilf, *Phragmites*) lassen sich zur Teilung nicht aus dem Teich nehmen. Legen Sie in diesem Fall nur ein Rhizomende frei und schneiden Sie es mit einer Gartenschere so ab, daß möglichst viele Wurzeln daran sind. Die Schnittstelle decken Sie wieder mit Bodengrund zu, und die neu gewonnene Jungpflanze wird eingepflanzt.

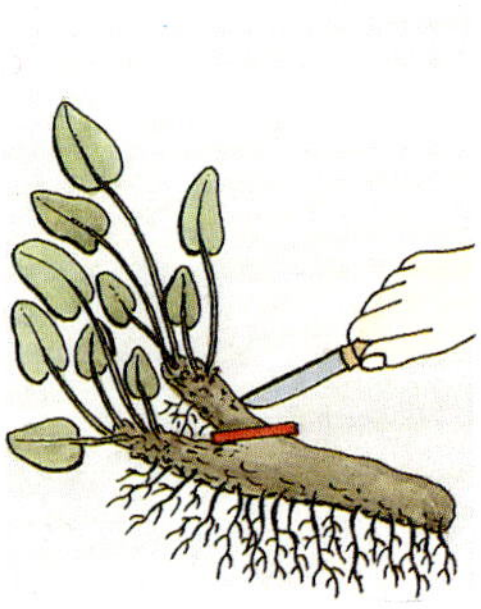

2 Rhizom mit einem sauberen, scharfen Messer teilen.

Wurzelstockteilung

Zeichnung 3

Teichpflanzen mit einem kräftig ausgebildeten Wurzelstock (zum Beispiel Sauergräser und Sumpfdotterblume, *Caltha palustris*) können Sie durch Wurzelstockteilung vermehren. Nehmen Sie dazu die Pflanze im Herbst oder Frühjahr aus dem Teich und schneiden Sie mit einem langen und scharfen Messer den Wurzelstock in zwei gleich große Teile. Bei Sauergräsern ist der Wurzelstock oft so kräftig ausgebildet, daß es sich empfiehlt, ihn einfach mit einem Spaten auseinanderzustechen (→ Zeichnung 3). Abgeknickte und verletzte Blätter abschneiden.

3 Kräftige Wurzelstöcke mit einem Spaten auseinanderstechen.

4 Die Fruchtkapsel aufbrechen und Samen herausschütteln.

Vermehren durch Samen

Zeichnungen 4 und 5

Die Vermehrung durch Samen ist zwar zeitaufwendig, doch eine sehr einfache, lohnende Methode. Vermehren Sie auf diese Art aber nur die Pflanzen, deren Samen gut zu ernten sind, die problemlos keimen und anwachsen, wie etwa Schwertlilien *(Iris)*. Aus Samen lassen sich überwiegend nur die reinen Arten, nicht aber Sorten oder Hybriden, also Kreuzungen, vermehren.

Samenvermehrung von Schwertlilien: Bei der Vermehrung von Blauer und Gelber Schwertlilie *(Iris sibirica* und *Iris pseudacorus)* lohnt sich die Samenaussaat, da Sie bei richtiger Pflege sehr viele und gut zu vereinzelnde Pflänzchen erhalten. Wie viele andere heimische Sumpfpflanzen ist die Schwertlilie ein Kaltkeimer, das heißt, sie braucht zum Auskeimen niedrige Temperaturen.

Samenernte: Nehmen Sie die Samenkapseln erst ab, wenn sie trocken und braun sind. Brechen Sie die Samenkapseln einfach mit den Fingern auseinander und schütteln Sie die Samen heraus (→ Zeichnung 4). Bis zur Aussaat kühl und trocken aufbewahren werden.

Samen vorbereiten und aussäen: Etwa Mitte Januar sollten Sie die Samen in ein flaches Schälchen streuen, dessen Boden mit feuchtem Löschpapier ausgelegt ist, und in den Kühlschrank stellen. Halten Sie das Löschpapier immer leicht feucht. Nach gut 2 Wochen können Sie die Samen wieder herausnehmen. Füllen Sie jetzt lockere Aussaaterde ins Schälchen, verteilen Sie die Samen darauf und bedecken Sie sie ganz dünn mit Erde. Feuchten Sie die Erde mit einer Sprühflasche gut an. Stellen Sie das Schälchen bei Zimmertemperatur an ein Fenster und achten Sie darauf, daß die Erde immer gut feucht ist. Nach etwa 2 Wochen erscheinen die kleinen Schwertlilien-Pflänzchen.

Pikieren: Wenn der kleine »Rasen« etwa 5 cm hoch ist, sollten Sie die Pflänzchen in Töpfe vereinzeln (→ Zeichnung 5). Nehmen Sie die aus Wurzeln bestehende verfilzte »Matte« vorsichtig heraus. Zupfen Sie die Pflänzchen vorsichtig auseinander und setzen Sie immer 3 bis 4 in einen Topf mit lockerer, nährstoffreicher Erde. Danach sonnig aufstellen und gleichmäßig feucht halten. Wenn die Pflanzen etwa 20 cm hoch sind, können Sie sie ab April in die Sumpfzone einsetzen.

5 Sind die Pflänzchen etwa 5 cm hoch, vorsichtig auseinanderzupfen und jeweils 3 bis 4 zusammen in einen Topf einsetzen.

Praxis: Pannenhilfe

Hier sind zehn häufige Pannen aufgeführt, die mit der Bepflanzung Ihres Gartenteichs im Zusammenhang stehen können. Aus der Auflistung erfahren Sie die möglichen Ursachen und welche Gegenmaßnahmen zur Behebung des Schadens Sie einleiten können.

**Problem:
Wasserspiegel sinkt ungewöhnlich.**
Ursachen:
• Wurzeln sind vom Teichrand in den Teich gewachsen, und ziehen Wasser ab.
Abhilfe: Wurzeln entfernen (achten Sie auf Baumwurzeln).
• Sumpfzone und Teichrand sind nicht getrennt.
Abhilfe: Teichrandgestaltung ändern: Folie senkrecht zum Teichrand enden lassen (→ PRAXIS Pflanzhilfen, Seite 13).
• Loch in der Folie (Stein durchgedrückt oder seltener: Folie von Eisdecke aufgescheuert).
Abhilfe: Gut sichtbares Loch am Teichrand: Folie hochziehen, gründlich reinigen und mit Folienkleber ein Stück Folienrest aufkleben.
Schwer erkennbare und unerreichbare Löcher erfordern oft Neuanlage des Teiches.

**Problem:
Bodengrund rutscht ab. Es können keine Pflanzen angebracht werden.**
Ursache: Ufer ist zu steil.
Abhilfe: Böschungsmatten mit Pflanztaschen anbringen (→ Zeichnung 1).
Legesteinmauer errichten (→ PRAXIS Pflanzhilfen, Seite 12).

**Problem:
Das Wasser ist trüb, grün oder riecht faulig.**
Ursache: Zu fetter Bodengrund, Fischfutter oder organisches Material im Teich verursachen Nährstoffüberschuß, der zu starker Algenvermehrung führt.
Abhilfe: Im Herbst Pflanzenmaterial gezielt entnehmen, um Nährstoffe zu verringern. Unterwasserpflanzen einbringen zur Eindämmung der Algen. Abfischen des Herbstlaubes. Fischbesatz gering halten, damit nicht zusätzlich gefüttert werden muß.

**Problem:
Sumpfpflanzen gehen ein.**
Ursachen: Krankheiten, Schädlingsbefall, Schneckenfraß.
Abhilfe: Für optimale Wachstumsbedingungen sorgen (→ Pflanzenporträts, Seite 38 bis 57). Eine ständig feuchte Sumpfzone hält Gartenschnecken fern.
Ursache: Sumpfzone ist zeitweise ausgetrocknet.
Abhilfe: Teichrand umgestalten (→ PRAXIS Pflanzhilfen, Seite 12) oder Pflanzenarten verwenden, die auch trockenheitsverträglich sind.

**Problem:
Seerosenblätter schwimmen nicht, sondern stehen unschön hoch.**
Ursachen:
• Zu geringe Pflanztiefe.
Abhilfe: Seerosen tiefer setzen.
• Zu nährstoffreicher Bodengrund.
Abhilfe: Nährstoffmenge verringern und weitere Zufuhr von

1 Bepflanzte Böschungsmatte.

2 Raupenbehausung des Seerosenzünslers.

Nährstoffen verhindern (→ Seite 22 bis 26).
• Zu starke Beschattung.
Abhilfe: Für genügend Licht sorgen (→ PRAXIS Pflege, Seite 26).
• Zu kleiner Teich.
Abhilfe: Große Seerosenstöcke durch Rhizomteilung verkleinern (→ PRAXIS Pflege, Seite 27).

Problem:
Löcher in Seerosenblättern.
Ursache: Seerosenzünsler (→ Zeichnung 2).
Abhilfe: Raupenbehausungen per Hand absammeln und zerfressene Seerosenblätter entfernen.

Problem:
Größere, unschöne Pflanzbehälter sind sichtbar.
Ursache: Pflanzenarten im Container sind nicht richtig ausgewählt: Nur hochgewachsene oder wuchsschwache Pflanzen vorhanden.
Abhilfe: Am Rand des Pflanzencontainers »flutende« und weit ins Wasser wachsende Arten pflanzen. Auch freischwimmende Pflanzen verbergen den Containerrand, zum Beispiel Krebsschere (→ Pflanzenporträts, Seite 55).

Problem:
Im Frühjahr liegen tote Tiere (Fische, Frösche, Molche) im Teich.
Ursachen:
• Teich zu flach und durchgefroren.
Abhilfe: Durchfrieren nur mit ausreichender Wassertiefe vermeidbar. Steile Ufer ermöglichen ausreichende Tiefe (→ Die Tiefwasserzone, Seite 7).
• Während der Wintermonate zu schlechte Sauerstoffversorgung für Tiere.
Abhilfe: Nährstoffmenge verringern (→ Seite 22 bis 26). Ein nährstoffarmer Teich verhindert Sauerstoffmangel. Eventuell Fischbesatz verringern oder Fische im Kelleraquarium überwintern. Genügend Unterwasserpflanzen einsetzen. Sie produzieren Sauerstoff bis weit in den Herbst und sogar noch unter einer dünnen Eisschicht.

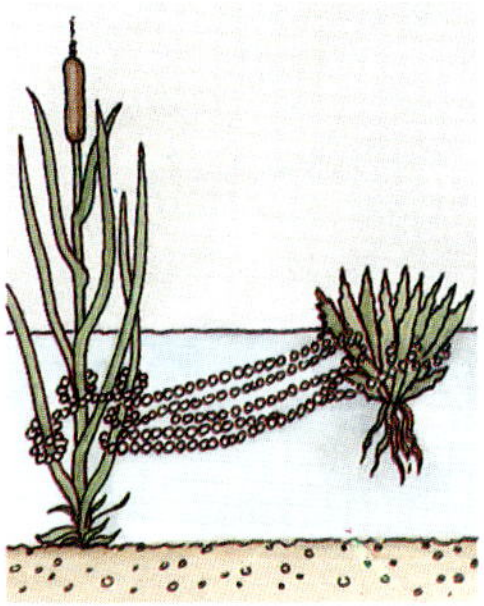
3 Laichschnüre der Kröten.

4 Froschinsel als Katzenschutz.

Problem:
Teichtiere werden von Katzen gefressen.
Ursachen: Zu wenig Deckung und Rückzugsmöglichkeiten für Teichtiere.
Abhilfe: Dichte Bestände von Unterwasserpflanzen bieten Fischen Versteckmöglichkeiten. Katzensicherer Platz für Frösche durch Inselcontainer (→ Zeichnung 4).
Ursache: Falsche Randgestaltung.
Abhilfe:Teichrand zumindest auf einer Seite zuwachsen lassen als Deckung vor - Katzen, Hunden und Vögeln. Eine breite Sumpfzone bietet nur unbequemen und feuchten Platz für Katzen und hält sie so vom »Angeln« ab.

Problem:
Amphibien laichen ab, aber es gehen keine Jungtiere an Land.
Ursachen:
• Geeignete Pflanzen für Laichablage fehlen.
Abhilfe: Unterwasserpflanzen und Röhricht einsetzen (→ Zeichnung 3).
• Fische fressen Laich und Larven.
Abhilfe: Starker Bewuchs unter Wasser schafft Deckung für Larven. Fische erst in den eingewachsenen Teich einsetzen. Günstige Arten wählen (Moderlieschen und Bitterling fressen weniger Laich).

Die schönsten Teichpflanzen und ihre Pflege

Pflanzen-porträts

Verführerisch schön und reichhaltig ist das Angebot an Teichpflanzen. Auf den nächsten Seiten stellen wir Ihnen eine Auswahl der schönsten und wichtigsten Arten vor. Dazu finden Sie alles, was Sie zum Standort und zur erfolgreichen Pflege wissen sollten.

Foto oben: Schlüpfende Vierfleck-Libellen (Libellula quadrimaculata).
Foto links: In der Natur leider kaum noch zu finden – solche prachtvollen Bestände von Schwertlilien (Iris pseudacorus) und Seerosen (Nymphaea alba). Beide Arten stehen deshalb unter Naturschutz. Der Handel bietet eine Vielfalt von Zuchtformen dieser beliebten Teichpflanzen an.

Pflanzenwahl für den Gartenteich

Alle in den Porträts aufgeführten Arten sind im Fachhandel leicht erhältlich. Entnehmen Sie dagegen nie Pflanzen oder Tiere vom Wildstandort.

Die Stichwörter

Auf den folgenden Seiten finden Sie detaillierte Pflegeanleitungen mit Informationen über:
Name: Zuerst wird der botanische Name der Pflanze genannt, dann der deutsche.
Vorkommen: Der natürliche Lebensraum dient als Orientierungshilfe für den artgerechten Standort im Gartenteich.
Blüte: Angaben über Blütezeit, Farbe und Aussehen der Blüte.
Wuchs: Lebensdauer der Pflanze (ein- oder mehrjährig), Aussehen, Wuchshöhe im Gartenteich.
Standort: Sie erfahren die richtige Teichzone, die Wassertiefe, die optimalen Lichtverhältnisse für die Pflanze, und ob sie sich für einen Bachlauf eignet.
Pflanzen und Pflege: Angabe der Pflanzdichte (Stückzahl pro m^2), dazu Substrat, Hinweise zur Pflanzung und die wichtigsten Pflegemaßnahmen.
Ausgegangen wird von einem gepflegten Teich, in dem sich nährstoffarmer und fast neutraler (pH-Wert um 7) Bodengrund oder Pflanzsubstrat befinden (→ Säuregrad des Teichwassers, Seite 22). Falls die Pflanze besondere Ansprüche an den Nährstoffgehalt oder den Säuregrad stellt, erfahren Sie in den Pflanzenporträts, was zu tun ist.
Hinweis: Nährstoffgehalt und Säuregrad können Sie wie folgt prüfen:
• Wuchernde Unterwasserpflanzen und Algen sind ein Zeichen dafür, daß der Nährstoffgehalt im Teichwasser zu hoch ist. Wuchernde Sumpfpflanzen zeigen zu hohen Nährstoffgehalt im Bodengrund an. Durch gezielte Pflegemaßnahmen (→ Seite 22 bis 23 und 26) können Sie eine Nährstoffverringerung erreichen.
• Tauchen Sie ein pH-Indikator-Papier (im Fachhandel oder in Apotheken erhältlich) in ein Glas Teichwasser – Teichwasser und Bodengrund besitzen etwa denselben Säuregrad. Lesen Sie den pH-Wert auf der Farbskala ab.
Bei einem pH-Wert, der stark vom neutralen Bereich (um 7) abweicht, ist Abhilfe für diejenigen Pflanzen nötig, die neutralen Boden bevorzugen; das sind alle Pflanzen in den Porträts ohne besondere Ansprüche. Liegt der pH-Wert unter 5, fügen Sie den Wurzeln eine Handvoll Kalk (keinen Ätzkalk) bei, liegt er über 8, geben Sie eine Handvoll gut verrotteten Rindenmulch zu.
Vermehren: Genannt wird die erfolgreichste Vermehrungsart.
Besonderheit: Interessantes und Wissenswertes über die Pflanze.
Mein Tip: Ratschläge und Tips aus der persönlichen Erfahrung der Autorin.
Achtung: Hier ist angegeben, ob die Pflanze giftig ist oder hautreizende Stoffe enthält. Halten Sie Kinder von diesen Pflanzen fern, tragen Sie beim Pflanzen und Pflegen Handschuhe und verzehren Sie keine Pflanzenteile.

Die Bedeutung der Symbole

Die Pflanze gedeiht an einem sonnigen Standort.

Die Pflanze möchte einen halbschattigen Platz.

Die Pflanze verträgt oder liebt Schatten.

Die Pflanze enthält Giftstoffe.

Die Pflanze enthält hautreizende Stoffe, die allergische Reaktionen auslösen können.

Die Pflanze steht unter Naturschutz.

In der Sumpfzone ist der Artenreichtum von Pflanzen und Tieren am größten.

Buntes Blütenmeer und sattes Grün der Sumpfpflanzen

Eine üppige Sumpfzone ist die Zierde jedes Gartenteiches. Artenreichtum und leuchtend bunte Pflanzenvielfalt ist in diesem Übergangsbereich zwischen Land und Wasser am größten. In kurzer Zeit stellen sich daher auch viele Tierarten ein, die hier geeignete Lebensbedingungen vorfinden. Räumen Sie daher der Sumpfzone in Ihrem Teich möglichst viel Platz ein.

Prachtvolle Blüten, filigrane Gräser, und außergewöhnliche Blattformen: Faszinierend ist die Vielfalt der Sumpfpflanzen. Sie alle brauchen zu ihrer vollen Entfaltung den feuchten oder nassen Boden der Sumpfzone. Denn auch in der Natur stehen Sumpfpflanzen mit ihren Wurzeln oder mit dem untersten Sproßteil im Wasser. Sie bilden den gleitenden Übergang zu trockeneren Gartenteilen und betten den Teich dadurch als ganz natürlichen Bestandteil in den Garten ein. In dieser Zone Ihres Teiches kann es – wenn Sie die Pflanzen richtig auswählen – vom Frühjahr bis in den Herbst hinein grünen und blühen. Außerdem sind hier die unterschiedlichsten Insekten und Kleintiere zu Hause, die wiederum Singvögel, Frösche, Kröten und Molche anlocken. Hochwüchsige Sumpfpflanzen, zum Beispiel Wasserdost, Mädesüß oder Schilf, sollten Sie in den Hintergrund des Teiches setzen, sie bilden dort gleichsam die Kulisse. Dagegen wird das vordere Teichufer vorwiegend mit niedrigen Arten wie Pfennigkraut bestückt, damit der Blick auf die spiegelnde Wasserfläche frei bleibt.

Kolbenförmiger Blütenstand des Kalmus.

Acorus calamus
Kalmus

Vorkommen: Im Röhricht stehender oder langsam fließender Gewässer, auf schlammigen Böden.
Blüte: Mai – Juli. Unscheinbar, zu einem grünlichen Kolben zusammengefaßt.
Wuchs: Mehrjährig, mit wucherndem Rhizom. Im neu angelegten, nährstoffarmen Teich zunächst langsam, später üppig wachsend. Höhe 50 – 120 cm.
Standort: Sumpfzone. Bis 10 cm Wassertiefe. Sonnig bis halbschattig.
Pflanzen und Pflege: 1 pro m^2; Bodengrund oder Container, etwas Gartenerde beifügen. Bei starker Vermehrung teilen.
Vermehren: Rhizomteilung.
Achtung: Giftpflanze.

Nachmittags öffnen sich die Blüten des Froschlöffels.

Die Schwanenblume paßt gut zu Röhricht.

Alisma plantago-aquatica
Froschlöffel

Vorkommen: Im Röhricht stehender oder langsam fließender Gewässer, auf nährstoffreichen Schlammböden.
Blüte: Juni–August. Klein, weiß, in etwa 20–40 cm hoher Rispe.
Wuchs: Mehrjährig, bildet dichten Bestand. Höhe 20–90 cm.
Standort: Sumpf- und Flachwasserzone, auch bei schwankendem Wasserstand, Bachlauf. Bis 30 cm Wassertiefe. Sonnig bis halbschattig.
Pflanzen und Pflege: 2 pro m^2; Bodengrund oder Container. Jungpflanzen nicht unter Wasser setzen. Im Frühjahr alte Stengel und Blätter entfernen. Bei Wuchern Blütenstände vor der Samenreife abschneiden. Winterhart.
Vermehren: Wurzelstockteilung. Sät sich auch selbst aus.
Achtung: Giftpflanze.

Butomus umbellatus
Schwanenblume

Vorkommen: An Ufern mit stark wechselndem Wasserstand, an stehenden oder langsam fließenden Gewässern, auf nährstoffreichen Schlammböden.
Blüte: Juni–August. Weißrosa, an doldenähnlichem Blütenstand.
Wuchs: Mehrjährig, mit wucherndem Rhizom. Grasartige Blätter in grundständiger Rosette.
Standort: Sumpfzone, auch mit schwankendem Wasserstand, Bachlauf. Bis 10 cm. Wassertiefe. Sonnig oder schattig.
Pflanzen und Pflege: 5 pro m^2; Bodengrund, etwas Gartenerde beifügen. Bei Wuchern zurückschneiden.
Vermehren: Durch Rhizomteilung oder Samen.

Die Sumpfkalla gedeiht am besten im Halbschatten.

Weiße Blütenblätter: Caltha palustris 'Alba'.

Calla palustris
Sumpfcalla

Vorkommen: An Ufern stehender Gewässer, in Bruchwäldern, auf nährstoff- und kalkarmen Böden.
Blüte: Mai – Juli. Unscheinbar, zu einem gelblichen Kolben mit weißem Hochblatt zusammengefaßt.
Wuchs: Mehrjährig, mit Rhizom. Bildet dichte, bodendeckende Bestände. Höhe bis 40 cm.
Standort: Sumpfzonenrand und feuchter Teichrand, auch Bachlauf. Nur die Wurzeln dürfen im nassen Boden stehen. Halbschattig bis schattig.
Pflanzen und Pflege: 2 pro m^2; Bodengrund, etwas verrotteten Rindenmulch zufügen. Bei Wuchern Rhizome einkürzen.
Vermehren: Rhizomteilung.
Achtung: Giftpflanze, die roten Beeren sind verlockend für Kinder!
Besonderheit: Steht unter Naturschutz.

Caltha palustris
Sumpfdotterblume

Vorkommen: An Ufern langsam fließender Gewässer, in Auwäldern und Sumpfwiesen, auf nährstoffreichen Böden.
Blüte: April – Juni. Bis 5 cm groß, leuchtend gelb.
Wuchs: Mehrjährig, polsterbildend. Höhe 30 cm.
Standort: Sumpfzone, auch Bachlauf. Bis 5 cm Wassertiefe. Sonnig oder schattig.
Pflanzen und Pflege: 2 pro m^2; Bodengrund, Einhängekasten oder Container, etwas Gartenerde beifügen. Jungpflanzen nicht unter Wasser setzen. Wuchernde Nachbarpflanzen auslichten. Bei Bedarf den Wurzelballen teilen.
Vermehren: Durch Wurzelstockteilung oder Samen, sät sich selbst aus.
Achtung: Giftpflanze.

Blütenähren der Scheinzypergras-Segge.

Der Teichschachtelhalm will sehr sonnig stehen.

Carex pseudocyperus
Scheinzypergras-Segge

Vorkommen: In Großseggenbeständen an Ufern stehender Gewässer und in Erlenbruchwäldern, auf humosen, nährstoffreichen, leicht sauren Böden. Bevorzugt mildes Klima.
Blüte: Juni. Grünlich und unscheinbar, in Blütenähren zusammengefaßt, die an dünnen, langen Stielchen überhängen.
Wuchs: Mehrjährig, horstbildend, dreikantiger Stengel. Höhe 40 – 90 cm.
Standort: Sumpfzone. Bis 10 cm Wassertiefe. Halbschattig bis schattig.
Pflanzen und Pflege: 2 pro m^2; Bodengrund. Eine Handvoll gut verrotteten Rindenmulch beifügen. Umgefallene Halme entfernen.
Vermehren: Wurzelstockteilung.

Equisetum fluviatile
Teichschachtelhalm

Vorkommen: An stehenden oder langsam fließenden Gewässern, auf schlammigen, nicht zu nährstoffreichen Böden.
Blüte: Keine. Verbreitung über Sporen, die sich an einem unscheinbaren Frühjahrssproß bilden.
Wuchs: Mehrjährige, im Schlamm kriechende Grundachse, aus der die 30 – 120 cm hohen Sprosse wachsen.
Standort: Sumpfzone. Etwa 5 cm Wassertiefe. Sonnig.
Pflanzen und Pflege: 5 pro m^2; Bodengrund oder Container. Beschattung durch höher wachsende Nachbarpflanzen vermeiden.
Vermehren: Teilung der verzweigten Grundachse.
Achtung: Giftpflanze.

Wasserdost: Lieblingsplatz von Schmetterlingen.

Blüten des Mädesüß duften nach Vanille und Mandeln.

Eupatorium cannabinum
Wasserdost

Vorkommen: Auf Lichtungen, an Waldrändern und Ufern, auf feuchten, humosen, nährstoff- und kalkreichen Böden.
Blüte: Juli – September. Dunkelrot bis rotviolett, in verzweigten Blütenständen.
Wuchs: Mehrjährige Staude mit dreiteiligen, oft rötlich überlaufenen Blättern. Höhe 75 – 150 cm.
Standort: Sumpfzonenrand, feuchter und trockener Teichrand. Am besten nordseitig, da er andere Pflanzen beschattet. Nur die Wurzeln im nassen Boden. Sonnig bis halbschattig.
Pflanzen und Pflege: 3 pro m^2; Bodengrund, etwas Gartenerde und Kalk beifügen. Im Frühjahr alte Stengel abschneiden.
Vermehren: Wurzelstockteilung.

Filipendula ulmaria
Mädesüß

Vorkommen: Auf Feuchtwiesen, an Wassergräben und in Auwäldern, auf nährstoffreichen Böden.
Blüte: Juni – August. Reichblütige Rispe mit kleinen, weißen Blüten.
Wuchs: Mehrjährige Staude mit gefiederten Blättern. Höhe 50 – 150 cm.
Standort: Äußerer Sumpfzonenrand und feuchter Teichrand. Bis 3 cm Wassertiefe. Sonnig bis halbschattig.
Pflanzen und Pflege: 2 pro m^2; Bodengrund. Den Wurzeln eine Handvoll Gartenerde beifügen. Im Frühjahr alte Stengel schneiden.
Vermehren: Wurzelballen teilen.

Lungenenzian: Zarte, sonnenhungrige Schönheit.

Tannenwedel: Ein regelrechter Wald im kleinen.

Gentiana pneumonanthe
Lungenenzian

Vorkommen: Auf Moorwiesen mit humosen, nährstoff- und kalkarmen Torfböden.
Blüte: Juli - Oktober. Glockenförmig, 2 – 3 cm groß, tiefblau, mehrere Blüten an einem Stengel.
Wuchs: Mehrjährig, schmale, lanzettliche Blätter. Höhe 15 – 40 cm.
Standort: Äußerer Rand der Sumpfzone. Nur die Wurzeln dürfen im nassen Boden stehen. Sehr sonnig.
Pflanzen und Pflege: 3 pro m^2, in Gruppen pflanzen; Bodengrund oder Einhängekasten. Nährstoffreicher Boden. Wenn die Pflanze kümmert, neue Gartenerde an die Wurzeln geben. Nachbarpflanzen regelmäßig auslichten.
Vermehren: Wurzelstockteilung.
Besonderheit: Steht unter Naturschutz.

Hippuris vulgaris
Tannenwedel

Vorkommen: In klaren, kühlen Gewässern, auf humosen, nährstoffarmen Böden.
Blüte: Juni – August. Unscheinbar grün.
Wuchs: Mehrjährig, bildet durch Ausläufer dichte Bestände. Nadelähnliche Blättchen in Quirlen. Höhe 20 – 30 cm über dem Wasser.
Standort: Sumpfzone, auch Bachlauf. 5 – 10 cm Wassertiefe. Sonnig oder schattig.
Pflanzen und Pflege: 5 pro m^2; Bodengrund. Jungpflanzen können in 10 cm Tiefe eingesetzt werden. Bei Wuchern an unerwünschten Stellen abschneiden.
Vermehren: Ausläufer abtrennen und einsetzen.
Mein Tip: Gut zum Verbergen von Containerrändern.

Iris
Schwertlilie

Neben den geschützten heimischen Arten Gelbe Schwertlilie (*Iris pseudacorus*) und Blaue Schwertlilie (*Iris sibirica*) gibt es zahlreiche Sorten zweier japanischer Arten, *Iris kaempferi* und *Iris laevigata*.

Vorkommen: Auf Sumpfwiesen, meist nährstoffreichen Böden. *Iris kaempferi* nur auf kalkfreiem Substrat.
Blüte: *Iris pseudacorus* Mai – Juni, gelb; *Iris sibirica* Juni, blauweiß mit blauen Adern, Sorten in Blautönen oder weiß; Japanische Arten Juni – Juli, verschiedene Violett- und Rosatöne, auch weiß.
Wuchs: Mehrjährig, mit Rhizom und schwertförmigen Blättern. Höhe 60 – 80 cm, *Iris pseudacorus* 80 –100 cm.
Standort: Sumpfzone, heimische Arten auch Bachlauf. Bis 5 cm Wassertiefe, *Iris pseudacorus* und *Iris laevigata* bis 15 cm. Sonnig, *Iris pseudacorus* auch halbschattig.
Pflanzen und Pflege: 3 pro m^2; Bodengrund, bei *Iris sibirica* auch Container oder Einhängekasten, etwas Gartenerde beifügen. *Iris kaempferi* im Container, mit Erde und gut verrottetem Rindenmulch. Geknickte Blätter und alte Stengel im Frühjahr abschneiden. *Iris pseudacorus* von Nachbarpflanzen freihalten.
Vermehren: Durch Rhizomteilung, bei den Wildarten auch durch Samen (→ PRAXIS Vermehren, Seite 31).
Achtung: Giftpflanzen.

Iris kaempferi 'Embosed'.

Iris pseudacorus: gelbe Blütenpracht.

Iris kaempferi 'Amazone'.

Iris sibirica.

Pfennigkraut: Ideal für die Randgestaltung.

Blutweiderich: Mehr als 10 cm lange Blütenstände.

Lysimachia nummularia
Pfennigkraut

Vorkommen: Auf Wiesen, an Gräben, Ufern und Auen, auf nährstoffreichen Böden.
Blüte: Mai – Juli. Gelb, etwa 1,5 cm groß, stehen einzeln in Blattachseln.
Wuchs: Mehrjährig, mit kriechendem Stengel, bildet bodendeckende Bestände. Höhe etwa 10 cm.
Standort: Sumpfzone und Teichrand, auch Bachlauf. Bis 10 cm Wassertiefe. Sonnig oder schattig.
Pflanzen und Pflege: 5 pro m^2; Bodengrund, Einhängekasten oder Container, etwas Gartenerde beifügen. Überwuchern durch andere Pflanzen verhindern.
Vermehren: Abtrennen bewurzelter Ausläufer.
Mein Tip: Gut für die Teichrandgestaltung und zum Verbergen von Containerrändern.

Lythrum salicaria
Blutweiderich

Vorkommen: An Ufern und Gräben, auf nährstoffreichen, sauren Böden.
Blüte: Juni - September. Klein, purpurrot, in kerzenförmigem Blütenstand.
Wuchs: Mehrjährige, kräftige Staude. Untere Pflanzenteile verholzt. Höhe 50 –120 cm.
Standort: Sumpfzone. Bis 15 cm Wassertiefe. Sonnig bis halbschattig.
Pflanzen und Pflege: 2 pro m^2; Bodengrund oder Container, etwas Gartenerde beifügen. Jungpflanzen dürfen nicht zu naß stehen. Erst im Frühjahr alte Stengel schneiden, damit die Pflanze aussamen kann. Wuchernde Nachbarpflanzen auslichten.
Vermehren: Wurzelstockteilung oder durch Samen, die kaum mit Erde bedeckt sein dürfen.

Fieberklee: Weißrosa, gefranste Blütenblätter.

Schilf wird bis zu 2 m hoch.

Menyanthes trifoliata
Fieberklee

Vorkommen: Auf Flach- und Quellmooren, verlandenden Moorseen, auf humosen, nährstoffarmen Böden.
Blüte: Mai – Juni. Blütenstand mit weißen, rosa überhauchten und gefransten Einzelblüten.
Wuchs: Mehrjährig, mit Rhizom. Kleeartige Blätter. Höhe bis 35 cm.
Standort: Sumpfzone, auch Bachlauf. Bis 10 cm Wassertiefe. Sonnig.
Pflanzen und Pflege: 5 pro m^2; Bodengrund. Jungpflanzen so einsetzen, daß die Blätter zum größten Teil aus dem Wasser ragen. Wuchernde Nachbarpflanzen einkürzen.
Vermehren: Rhizomteilung.
Besonderheit: Fieberklee steht unter Naturschutz.

Phragmites australis
Gemeines Schilf

Vorkommen: An stehenden oder langsam fließenden Gewässern, in Moorwiesen, auf nährstoffreichen Böden.
Blüte: Juli – September. Grün bis rötlich, in Rispen.
Wuchs: Mehrjährig, mit wucherndem Rhizom, bildet dichte Bestände. Höhe bis 2 m.
Standort: Sumpf- und Flachwasserzone, auch feuchter Teichrand. Bis 30 cm Wassertiefe. Sonnig oder schattig.
Pflanzen und Pflege: 5 pro m^2; Bodengrund oder Container. Nährstoffarmes Substrat hilft, die wuchskräftige Pflanze einzudämmen. Beim Pflanzen darauf achten, daß kleine, lichtliebende Pflanzen nicht beschattet werden. Alte Halme im zeitigen Frühjahr schneiden.
Vermehren: Rhizomteilung.

Hechtkraut blüht bis zum ersten Frost.

Immergrüne Teichpflanze: Zungenhahnenfuß.

Pontederia cordata
Hechtkraut

Vorkommen: An stehenden oder langsam fließenden Gewässern Nordamerikas, auf nährstoffreichen Böden.
Blüte: Juni bis zum ersten Frost. Klein, blau, auch Sorten in weiß oder rosa, in etwa 10 cm langer Ähre.
Wuchs: Mehrjährig, mit wucherndem Rhizom. Herzförmige Blätter. Höhe bis 80 cm.
Standort: Sumpfzone, auch Bachlauf. Bis 20 cm Wassertiefe. Sonnig bis halbschattig.
Pflanzen und Pflege: 3 pro m^2; Bodengrund. Um Wuchern zu vermeiden, in nährstoffarmes Substrat setzen. Im Herbst mit einem Winterschutz aus Laub versehen.
Vermehren: Rhizomteilung oder Aussaat im Frühjahr. Samen bei 12 – 15 °C keimen lassen, dann kühler halten.

Ranunculus lingua
Zungenhahnenfuß

Vorkommen: Im Röhricht stehender oder langsam fließender Gewässer, auf nährstoff- und kalkarmen Schlammböden.
Blüte: Juni – August. 2 – 4 cm groß, gelb, einzeln am Stengelende.
Wuchs: Mehrjährig, mit wucherndem Rhizom. Schmale, sattgrüne Überwasserblätter, weiche, hellbräunliche Unterwasserblätter. Höhe 100 – 150 cm.
Standort: Sumpf- und Flachwasserzone. Bis 40 cm Wassertiefe. Sonnig bis halbschattig.
Pflanzen und Pflege: 3 pro m^2; Bodengrund oder Container.
Vermehren: Bewurzelte Rhizomteile abschneiden und neu einsetzen.
Achtung: Giftpflanze.
Besonderheit: Die Art steht auf der Roten Liste gefährdeter Pfanzen.

Pfeilkraut: Die Blätter zeigen in Nord-Süd-Richtung.

Sagittaria sagittifolia
Pfeilkraut

Vorkommen: Im Röhricht langsam fließender Gewässer, an Gräben, auf humosen, nährstoffreichen, Böden.
Blüte: Juni – August, Etwa 2 cm groß, weiß mit zentralem rotem Fleck, in übereinanderstehenden Quirlen.
Wuchs: Mehrjährige Knollen, pfeilförmige Blätter. Höhe bis 100 cm.
Standort: Sumpfzone, auch Bachlauf. Bis 20 cm Wassertiefe. Sonnig oder schattig.
Pflanzen und Pflege: 2 pro m^2; Bodengrund oder Container. Bei Jungpflanzen dürfen die Überwasserblätter nicht unter Wasser stehen.
Vermehren: Knollen an Ausläuferenden im Herbst abnehmen und einsetzen.
Achtung: Knollen können Hautreizungen verursachen.

Igelkolben: Die Früchte ähneln eingerollten Igelchen.

Sparganium erectum
Aufrechter Igelkolben

Vorkommen: Im Uferröhricht stehender oder langsam fließender Gewässer, auf nährstoff- und kalkreichen Böden.
Blüte: Juli – September. Unscheinbare, kugelige, weißliche Blütenstände.
Wuchs: Mehrjährig. Aus dem Rhizom einer einzelnen Pflanze kann sich in wenigen Jahren ein dichter Bestand bilden. Höhe bis 50 cm.
Pflanzen und Pflege: 2 pro m^2; Bodengrund. Im Frühjahr alte Blätter abschneiden.
Vermehren: Rhizomteilung oder Aussaat.
Besonderheit: Als Schutz vor Tierfraß hat der Igelkolben einen chemischen Abwehrstoff in den Blättern eingelagert.

Typha
Rohrkolben

Vom Rohrkolben gibt es mehrere Arten, von denen für den Gartenteich außer dem Schmalblättrigen (*Typha angustifolia*) noch der Kleine (*Typha minima*) und der Breitblättrige Rohrkolben (*Typha latifolia*) in Frage kommen.
Der Schmalblättrige Rohrkolben zeichnet sich durch schmale, nur etwa 1 cm breite Blätter aus, auch sein Kolben bleibt grazil.
Der Kleine Rohrkolben, auch Zwergrohrkolben genannt, treibt dicke, walzenförmige Blütenstände, wirkt durch seine vergleichsweise geringe Wuchshöhe insgesamt jedoch recht zierlich.
Den Breitblättrigen Rohrkolben erkennt man an seinen bis etwa 3 cm breiten Laubblättern und den gedrungenen, schwarzbraunen Kolben.
Vorkommen: Im Röhricht stehender, warmer Gewässer, auf nährstoff- und kalkarmen, schlammigen Böden.
Blüte: Juni – August. Sehr klein, grünlich, in kolbenförmigen Blütenständen, deren oberer, männlicher Teil zerfällt, während sich der untere, weibliche Teil zur Fruchtzeit braun färbt und die wolligen Samen entläßt.
Wuchs: Mehrjährig, mit kriechendem Rhizom, bildet große Bestände. Höhe 1 – 2 m, Kleiner Rohrkolben nur 50 – 70 cm.
Standort: Sumpf- und Flachwasserzone. Bis 20 cm Wassertiefe. Sonnig bis halbschattig.
Pflanzen und Pflege: 3 pro m^2; Bodengrund oder Container. Nicht an die Südseite pflanzen, weil er dann andere Pflanzen beschattet. Alte Stengel im Frühjahr über der Wasseroberfläche abschneiden.
Vermehren: Rhizomteilung.
Mein Tip: Der niedrigbleibende Kleine Rohrkolben eignet sich besonders zur Bepflanzung kleiner Teiche.

Für größere Teiche geeignet: Kleiner Rohrkolben.

Schwimm- und Schwimmblattpflanzen – blühende Teppiche auf dem Teich

Prächtige Schwimmblattpflanzen wie die farbenfrohen Seerosen, aber auch andere, weniger bekannte Arten, verleihen Ihrem Gartenteich erst seinen charakteristischen Charme.

Aus einem dichten Teppich von Blättern, die auf der Wasseroberfläche treiben, schieben sich die Blüten der Schwimmblattpflanzen. Durch lange, feste Stiele, die von dem im Bodengrund verankerten Wurzelstock ausgehen, werden sie in ihrer Lage gehalten. Sehr ähnlich ist auch die Gruppe der Schwimmpflanzen wie Wassernuß oder Krebsschere, die jedoch nicht im Boden wurzeln, sondern frei im Wasser schweben. Die prächtigen Seerosen sind die begehrtesten Schwimmblattpflanzen, aber es gibt noch einige andere, die ebenso reizvoll sind. Oft bieten sie eine gute Alternative zu Seerosen, da sie auch in kleinen Teichen gedeihen. Mit dem Einsetzen von Schwimmblattpflanzen sollten Sie sparsam sein. Nur ein Teil der Teichoberfläche, etwa ein Drittel, sollte von ihnen bedeckt sein. Lieber soll sich eine Pflanze gut entfalten können, als daß viele, dicht gesetzte Pflanzen die Wasseroberfläche mit ihren Blättern bedecken und den Unterwasserpflanzen das Licht rauben.

Bei Seerosen gibt es viele prächtige Zuchtsorten.

Der Wasserstern bildet hübsche Blattrosetten.

Teichrose: 4 bis 6 cm große, kugelige Blüten.

Callitriche palustris
Wasserstern

Vorkommen: In flachen, stehenden Gewässern, auf humosen, nährstoff- und kalkarmen Schlammböden.
Blüte: Mai – Oktober. Unscheinbare Unterwasserblüten.
Wuchs: Mehrjährig. Bildet kleine, wintergrüne Blattrosetten, entweder auf dem Wasser schwimmend oder im feuchten Boden wurzelnd. Höhe etwa 5 cm über dem Wasser.
Standort: Sumpf- und Flachwasserzone. Bis 60 cm Wassertiefe. Sonnig oder halbschattig.
Pflanzen und Pflege: 5 pro m^2; Bodengrund. So einsetzen, daß die Blattrosetten auf dem Wasser schwimmen. Vor Überwachsen schützen.
Vermehren: Bewurzelte Teilstücke abschneiden und einpflanzen.

Nuphar lutea
Teichrose

Vorkommen: In stehenden oder langsam fließenden Gewässern, auf humusreichen Sand- und Kiesböden.
Blüte: Juni – August. Leuchtend gelb, kugelig, von Stielen 10 – 20 cm über Wasser gehalten.
Wuchs: Mehrjährig, mit Rhizom. Zarte Unterwasserblätter und bis 40 cm große, derbe, ovale Schwimmblätter.
Standort: Tiefwasserzone. 0,8 – 2 m Wassertiefe. Sonnig bis halbschattig.
Pflanzen und Pflege: 1 pro m^2; Bodengrund, etwas Gartenerde beifügen. Von Unterwasserpflanzen freihalten. In sehr trüben Gewässern kümmert sie. Bei Wuchern Schwimmblätter abschneiden.
Vermehren: Rhizomteilung.
Achtung: Giftpflanze.

Nymphoides peltata
Seekanne

Die Seekanne gedeiht am besten in Regionen mit milden Wintern.

Die geschützte Seekanne gehört – zusammen mit ihrem nächsten Verwandten, dem Fieberklee (*Menyanthes trifoliata*) – zu den Enziangewächsen. Als Schwimmblattpflanze ist sie eine Ausnahme unter den Enziangewächsen, die sonst hauptsächlich auf Bergwiesen und in Mooren vorkommen. Als Früchte bildet sie eiförmige, etwa 1 cm große Kapseln, die scheibenförmige Samen enthalten. Die Samen schwimmen auf dem Wasser und heften sich an das Gefieder von Wasservögeln an. Dadurch gelangen sie auch in andere Gewässer.

Vorkommen: In meist flachen, stehenden oder langsam fließenden Gewässern, auf nährstoffreichen Böden. Bevorzugt ein wintermildes Klima.
Blüte: Juli – August. Gelb, trichterförmig, bis 7 cm lang, mit bewimperten Blütenblättern. Jeweils 2 bis 5 Blüten ragen in Büscheln etwa 10 cm über die Wasseroberfläche.
Wuchs: Mehrjährig, seerosenartig. Die kleinen, runden Schwimmblätter gehen aber nicht wie bei der Seerose vom Rhizom aus, sondern von flutenden, verzweigten Stengeln.
Standort: Flach- und Tiefwasserzone, auch Bachlauf. 0,5 – 1,5 m Wassertiefe. Sonnig.
Pflanzen und Pflege: 2 pro m^2; Bodengrund oder Pflanzcontainer. Eine Handvoll Gartenerde zu den Wurzeln geben. Bei Bedarf wuchernde Nachbarpflanzen zurückschneiden. Darauf achten, daß die im Wasser flutenden Stengel nicht verletzt werden.
Vermehren: Teilen der verzweigten Grundachse. Auch durch Samen möglich.
Besonderheit: Die Seekanne ist ein Wärmezeiger. Das bedeutet, daß sie in der Natur nur in milden Regionen wächst.
Mein Tip: Die Seekanne gedeiht im Gegensatz zur Seerose auch in kleinen, nur mäßig tiefen Gartenteichen. Falls Sie beide Pflanzen in Ihrem Teich haben, muß man die wuchskräftigere Seerose ab und zu zurückschneiden, damit die Seekanne nicht verdrängt wird.

Nymphaea alba
Weiße Seerose

Die Weiße Seerose (*Nymphaea alba*) ist eine geschützte heimische Schwimmblattpflanze. Mit ihren strahlend weißen Blütenschalen gehört sie zu unseren auffälligsten Teichpflanzen, die an geeigneten Stellen nicht selten die Wasserfläche mit einem Teppich aus lackglänzenden Blättern und majestätischen Blüten überziehen. Nicht umsonst wird sie vielfach auch als Königin aller Wasserpflanzen bezeichnet.

Vorkommen: In stehenden Gewässern, bis etwa 3 m Wassertiefe. Auf humosen, nährstoffreichen Schlammböden.
Blüte: Juni – September. 10 – 20 cm groß, weiß mit gelben Staubblättern. Blüten öffnen sich morgens und schließen sich abends wieder.
Wuchs: Mehrjährig, mit Rhizom. Bis 40 cm große, rundliche Schwimmblätter an meterlangen Blattstielen.
Standort: Tiefwasserzone. 0,7 – 3 m Wassertiefe. Sonnig.
Pflanzen und Pflege: 1 pro m^2; Bodengrund oder Container. Rhizom schräg einsetzen (→PRAXIS Einpflanzen, Seite 17). Bei guter Besonnung und ausreichender Wassertiefe gedeiht sie im Gartenteich prächtig. Weitere Pflege →PRAXIS Pflege, Seite 27.

Heimische Seerose: Nymphaea alba.

Tropische Seerose: Nymphaea stellata 'Caerulea'.

Vermehren: Rhizomteilung.
Achtung: Giftpflanze.
Weitere Arten: Neben kleiner bleibenden Arten wie *Nymphaea candida, Nymphaea odorata* oder *Nymphaea tetragona*, die auch in geringerer Wassertiefe oder in der Flachwasserzone gedeihen, gibt es Züchtungen in vielerlei Farben, von weiß über gelb und rot bis zu kupferfarben (→ Foto, Seite 50). Die meisten Sorten sind winterhart. Je nach Wuchsstärke eignen sie sich für verschiedene Wassertiefen. Angeboten werden auch tropische Züchtungen, deren Farbpalette noch weiter, bis hin zu Blautönen reicht. Ihre Blüten schwimmen nicht auf dem Wasser, sondern werden von den Stielen über Wasser gehalten. Sie sind nicht winterhart, müssen im Frühherbst aus dem Teich genommen und warm überwintert werden (→ Überwintern, Seite 24).

Wasserknöterich gedeiht auch in tieferem Wasser.

Schwimmendes Laichkraut verträgt Schatten.

Polygonum amphibium
Wasserknöterich

Vorkommen: In Seerosengesellschaften und im Uferröhricht stehender Gewässer, auf kalkfreien, nährstoffreichen Böden.
Blüte: Juni – September. Klein, rosa, in einer 10 – 15 cm über dem Wasser stehenden Blütenähre angeordnet.
Wuchs: Mehrjährig, mit Rhizom. Bis 20 cm lange Schwimmblätter.
Standort: Flach- und Tiefwasserzone, auch Bachlauf. 30 – 100 cm Wassertiefe. Sonnig bis halbschattig.
Pflanzen und Pflege: 2 pro m^2; Bodengrund, etwas Gartenerde beifügen.
Vermehren: Rhizomteilung.
Achtung: Die Blätter können Hautreizungen verursachen.
Besonderheit: Der Wasserknöterich wächst je nach Standort als Land- oder Wasserform.

Potamogeton natans
Schwimmendes Laichkraut

Vorkommen: In stehenden oder langsam fließenden Gewässern, auf nährstoffarmen Schlammböden, bis 6 m Wassertiefe.
Blüte: Juni – August. Grüne, kolbenförmige Blütenstände.
Wuchs: Mehrjährig. Am Boden kriechendes, knollig verdicktes, wucherndes Rhizom.
Standort: Tiefwasserzone, auch Bachlauf. Ab 40 cm Wassertiefe. Sonnig oder schattig.
Pflanzen und Pflege: 3 pro m^2, in Gruppen pflanzen; Bodengrund. Jungpflanzen können jeweils in die gewünschte Tiefe gesetzt werden, außer in sehr trüben Teichen. Bei Wuchern Blätter nahe am Ansatz abschneiden.
Vermehren: Rhizomteilung.

Die Krebsschere wächst überall im Teich.

Die Wassernuß bildet schwimmende Blattrosetten.

Stratiotes aloides
Krebsschere

Vorkommen: In stehenden, windgeschützten, nährstoffreichen und kalkarmen Gewässern.
Blüte: Mai – Juli. 3 – 4 cm groß, weiß mit gelbem Mittelfleck.
Wuchs: Mehrjährig, mit Ausläufern dichte Bestände bildend. Starre, dreikantige Blätter stehen in Rosetten zusammen.
Standort: Flach- und Tiefwasserzone. Sonnig bis halbschattig.
Pflanzen und Pflege: 2 pro m^2, am besten an einen Platz einsetzen, wo sie sich »festhalten« kann, z. B. neben einen Inselcontainer. Bei Bedarf eindämmen, da sie Unterwasserpflanzen Licht nimmt. Dazu Ableger aus dem Wasser ziehen und abschneiden.
Vermehren: Bewurzelte Ausläufer abtrennen und neu einsetzen.
Besonderheit: Die Art ist geschützt.

Trapa natans
Wassernuß

Vorkommen: In stehenden Gewässern milder Regionen, auf humosen, nährstoffreichen, kalkarmen Schlammböden.
Blüte: Juni – Juli. Klein, weißlich, in den Blattachseln.
Wuchs: Einjährig, schwimmende Rosette aus kleinen, rautenförmigen Blättern an 1 – 2 m langen Stielen.
Standort: Flach- und Tiefwasserzone. 40 – 150 cm Wassertiefe. Sonnig.
Pflanzen und Pflege: 2 pro m^2; Bodengrund. Keine Pflege nötig.
Vermehren: Nüsse im Herbst abnehmen, sofort frostgeschützt aussäen oder nach feuchter Lagerung erst im Frühjahr.
Besonderheit: Ihren Namen trägt diese geschützte Pflanze wegen der eßbaren Früchte.
Mein Tip: Kümmert in zu kalten Teichen.

Unterwasserpflanzen – die Nährstoffregler und Sauerstofflieferanten

Unterwasserpflanzen sind die Reinigungstruppe des Gartenteiches. Denn sie wirken als regelrechte »Nährstoff-Fallen« und »Schmutzfänger«. Die Artenauswahl ist zwar deutlich kleiner als etwa in der Sumpfzone, und die Pflanzen wirken weniger spektakulär, doch für einen intakten Teich sind sie unerläßlich.

Die Wasserfeder blüht von Mai bis Juni.

Unterwasserpflanzen spielen eine wichtige Rolle bei der Teichpflege. Die schöne Wasserfeder (*Hottonia palustris*) mit ihren aufragenden Blütenständen oder das Rauhe Hornblatt (*Ceratophyllum demersum*), das wurzellos im Wasser flutet, sind Beispiele für diese meist sehr leicht zu pflegende Teichpflanzengruppe. Während sich das Hornblatt für flaches und tiefes Wasser eignet, bevorzugt die Wasserfeder 5–50 cm Wassertiefe. Außer Blütenpflanzen lassen sich auch manche Algen wie die Armleuchteralge (*Chara*) im Teich einsetzen. Sie bildet ausgedehnte Unterwasserrasen, die vielen Tieren als Versteck- und Überwinterungsmöglichkeit dienen. Für ihr Wachstum nehmen sie die im Wasser gelösten Nährstoffe auf, die sonst zum schnellen Wuchern wassertrübender Algen führen würden, und geben Sauerstoff in das Teichwasser ab. Durch regelmäßiges Auslichten der Unterwasserpflanzen können dem Teich damit überschüssige Nährstoffe entzogen werden. Unterwasserpflanzen dürfen daher in keinem Gartenteich fehlen.

Rauhes Hornblatt.

Armleuchteralge.

Myriophyllum-Arten
Tausendblatt

Blüte: Juni – August. Klein, rosa, in aufrechter Ähre.
Wuchs: Mehrjährig, zart, stark zerteilte Unterwasserblätter.
Standort: Flach- und Tiefwasserzone, auch Bachlauf. Etwa 1 m Wassertiefe. Sonnig oder schattig.
Pflanzen und Pflege: 5 pro m², mit Pflanzstein versenken. Gelegentlich benachbarte Unterwasserpflanzen eindämmen.
Vermehren: Seitenverzweigungen abtrennen und versenken.

Tausendblatt.

Wasserpest.

Wasserschlauch.

Dichtes Laichkraut.

Elodea-Arten
Wasserpest

Blüte: Mai – September. Blüht bei uns meist nicht.
Wuchs: Mehrjährig, wuchert, wurzelt im Bodengrund. Verzweigter, im Wasser schwebender Stengel.
Standort: Flach- und Tiefwasserzone, auch Bachlauf. Etwa 1 m Wassertiefe.
Pflanzen und Pflege: 5 pro m², mit Pflanzstein versenken (→PRAXIS Einpflanzen, Seite 17). Regelmäßig auslichten.
Vermehren: Seitenverzweigungen abtrennen und einsetzen.

Utricularia vulgaris
Gewöhnlicher Wasserschlauch

Blüte: Juni – August. Gelb, löwenmaulähnlich, ragt einige Zentimeter übers Wasser.
Wuchs: Mehrjährig, wurzellos. Weiche, in zahlreiche haarförmige Zipfel zerteilte Blätter, die im Wasser schweben.
Standort: Flachwasserzone. Etwa 50 cm Wassertiefe. Sonnig.
Pflanzen und Pflege: 5 pro m², mit Pflanzstein versenken. Gelegentlich auslichten.
Vermehren: Seitenverzweigungen abtrennen und versenken.
Besonderheit: Besitzt kleine »Fangbläschen«, mit denen er Wassertierchen fängt (→ Botanisches zum Staunen, Seite 11).

Potamogeton densus
Dichtes Laichkraut

Blüte: Juni – August. Klein, unscheinbar, an Ähren.
Wuchs: Mehrjährig, zart, bis 30 cm lang. 1 – 2 cm lange Blättchen, paarweise dicht am Stengel, bleiben in milden Wintern grün.
Standort: Flachwasserzone, auch Bachlauf. 20 – 50 cm Wassertiefe. Sonnig.
Pflanzen und Pflege: 5 pro m², mit Pflanzstein versenken, nicht zu nahe an Schwimmblattpflanzen. Von wuchernden Unterwasserpflanzen freihalten.
Vermehren: Bewurzelte Seitenverzweigungen abtrennen und einsetzen.
Mein Tip: Für den Gartenteich eignen sich auch noch andere Arten wie Kammlaichkraut (*Potamogeton pectinatus*), Krauses Laichkraut (*Potamogeton crispus*), Glänzendes Laichkraut (*Potamogeton lucens*).

Sach- und Pflanzenregister

Die **halbfett** gesetzten Seitenzahlen verweisen auf Farbfotos und Zeichnungen. U = Umschlagseite

Register

Register

GU PFLANZENRATGEBER

Wenig tun, viel genießen.

ISBN (10) 3-7742-5441-9
ISBN (13) 978-3-7742-5441-1

64 Seiten | 7,90 € [D]

ISBN (10) 3-7742-3621-6
ISBN (13) 978-3-7742-3621-9

64 Seiten | 7,90 € [D]

ISBN (10) 3-7742-5443-5
ISBN (13) 978-3-7742-5443-5

64 Seiten | 7,90 € [D]

ISBN (10) 3-7742-5750-7
ISBN (13) 978-3-7742-5750-4

64 Seiten | 7,90 € [D]

ISBN (10) 3-7742-2145-6
ISBN (13) 978-3-7742-2145-1

64 Seiten | 7,90 € [D]

Gärtnern schnell & einfach? Gar kein Problem! Verwandeln Sie Garten, Terrasse, Balkon und Haus im Handumdrehen in eine grüne Oase. Das 5-Stufen-Erfolgsprogramm zeigt, wie's geht.

WEITERE LIEFERBARE TITEL BEI GU:

➤ GU PFLANZENRATGEBER: **Balkonpflanzen, Günstig gärtnern, Küchenkräuter, Orchideen, Rasen**

GU

Willkommen im Leben.

Literatur, die weiterhilft

(falls nicht im Buchhandel, dann in Bibliotheken erhältlich)

Hilble, R.: *Koi faszinierend und gesund.* Gräfe und Unzer Verlag, München

Stadelmann, P.: *Gartenteiche schnell und einfach.* Gräfe und Unzer Verlag, München

Stadelmann, P.: *Fische für den Gartenteich.* Gräfe und Unzer Verlag, München

Hecker, K.; Hecker, F.: *Gartenteiche.* Gräfe und Unzer Verlag, München

Hensel, W.: *Wassergarten für Einsteiger.* Gräfe und Unzer Verlag, München

Zeitschriften

FLORA Garten
Gruner + Jahr AG, 20444 Hamburg

Kraut & Rüben
DLV GmbH, Lothstr. 29, 80797 München

mein schöner Garten
Burda Senator Verlag GmbH, Postfach 1520, 77605 Offenburg

Bezugsquellen für Teichpflanzen

Karl Wachter KG, 25482 Appen-Etz

Jörg Petrowsky, Aschauteiche 2, 29348 Eschede

Stauden Junge, Seeangerweg 1, 31787 Hameln

Holzum GmbH, Empeler Str. 91, 46459 Rees

Erich Maier, Hansell 155, 48341 Altenberge

Seerosengroßkulturen Berthold, Hadrianstr. 57, 83413 Fridolfing

Seerosen-Farm Erhard Oldehoff, Sieglmühle 2, 94065 Hauzenberg

Dehner Gartencenter GmbH, Donauwörther Str. 5-7, 86641 Rain/Lech

Wichtig: Die Adressenlisten erheben keinen Anspruch auf Vollständigkeit. Eine telefonische oder schriftliche Anfrage bei den Herstellern klärt am besten über Sortimente, Spezialitäten und Liefermodalitäten auf.

Die Fotografen

Becker: Seite U2/1, 4/5, 20/21, 34/35, 37, 64/U3;
Eisenbeiss: Seite 25;
Gröger: Seite 35 re.;
Jansen: Seite 56 u. re.;
Labhardt: Seite 55 re.;
Nickig: U1;
Pforr: Seite 46 re., 54 re.;
Photopress/Kuh: Seite 53 u.;
Redeleit: U4 li.;
Reinhard: Seite 23, 43 re., 44 u. li., u. re., 45 re., 47 re., 49, 51 re., 56 o., U4 re.;
Scherz: Seite 39 re.;
Schimmitat: Seite 40 li.;
Stehling: Seite 9;
Stork: U4 mi.;
Strauß: Seite 2, 3 li., re., 11, 15, 38, 40 re., 41 li., re., 42 li., re., 43 li., 44 o. li., o. re., 45 li., 46 li., 47 li., 48 li., 50, 51 li., 52, 53 o., 54 li., 55 li., 56 u. li., 57 o. li., o. re., u. li., u. re.;
Wothe: Seite 5 re., 21 re., 29, 39 li., 48 re.

Hinweis: Einige in diesem Buch abgebildete Gartenteiche sind von Gartengestaltern angelegt worden: Henk Weyers, Haarlem/Holland (Seite U3); Felix Viell, Düsseldorf (Seite 4/5).

Die Fotos auf den Umschlagseiten

Umschlagvorderseite: Gartenteich mit Gelber Schwertlilie *(Iris pseudacorus)* als Uferbepflanzung;
Umschlagrückseite, links: Pflanzen am Uferrand in Böschungsmatten mit Pflanztaschen einsetzten (li), mitte: Seerose (*Nymphaea*), rechts: Gartenteich mit attraktiver Bepflanzung.

Danksagung

Verlag und Fotograf Friedrich Strauß danken der Firma Aschau-Teiche, Jörg Petrowsky, 29348 Eschede, für ihre Unterstützung. Außerdem danken Verlag und Autorin Herrn Peter Stadelmann für die Durchsicht des Manuskripts.

Warnung und Hinweis

In diesem Buch geht es um die Pflege von Teichpflanzen. Einige der beschriebenen Pflanzen sind mehr oder weniger giftig. Im Porträtteil (→ Seite 36 bis 57) wird unter dem Stichwort »Achtung« auf die spezifische Gefährdung für die Gesundheit hingewiesen. Tödlich giftige Pflanzen und minder giftige, die bei geschwächten Erwachsenen oder Kindern erhebliche Gesundheitsstörungen hervorrufen können, sind mit einem Totenkopf gekennzeichnet. Achten Sie unbedingt darauf, daß Kinder und Haustiere die mit dem Stichwort Achtung gekennzeichneten Pflanzen nicht essen.
Einige Pflanzen sondern hautreizende Stoffe ab oder enthalten diese, so daß Sie nach Verletzung von Pflanzenteilen oder bei Pflegemaßnahmen damit in Berührung kommen können. Auch darauf wird in den Porträts bei den jeweiligen Pflanzen hingewiesen. Wer unter Kontaktallergien leidet, sollte beim Umgang mit diesen Pflanzen unbedingt Handschuhe tragen.
Um sich und andere vor Schaden zu bewahren, sollten Sie Ihren Teich ausreichend sichern (mit Schutzzaun oder Schutzgitter), vor allem wenn kleine Kinder in ihrem Haushalt leben oder wenn der Teich in einem nicht eingezäunten Gartengelände liegt. Der Abschluß einer Haftpflichtversicherung, die sich auf den Teich bezieht, ist sehr zu empfehlen. Jeder Gartenteichbesitzer muß dafür sorgen, daß kein Wasser – weder unter- noch oberirdisch – auf das Nachbargrundstück gelangen kann. Kontrollieren Sie deshalb regelmäßig die Wasserleitung, führen Sie Wasserwechsel oder Teichentleerung sachgemäß durch.

Redaktion: Peter Völk
Lektorat: Mirjam Baumann, Karin Greiner, Angelika Weber
Layout und Umschlaggestaltung: Heinz Kraxenberger
Herstellung: Eva Hehemann
Satz: Filmsatz Schröter, München
Repro: PHG Litho, Planegg
Druck und Bindung: Kaufmann, Lahr

ISBN (10) 3-7742-6020-6
ISBN (13) 978-3-7742-6020-7

Auflage 5. 4. 3.
Jahr 08 07 06

Ihr GRÄFE UND UNZER VERLAG
Redaktion Haus & Garten
Postfach 86 03 25
81630 München
Fax: 089/41981-113
E-Mail: leserservice@graefe-und-unzer.de

GRÄFE UND UNZER
Ein Unternehmen der GANSKE VERLAGSGRUPPE

Farbenfrohes Temperament oder verhaltene Eleganz

Bei der Gestaltung des Teiches sollten Sie nicht vergessen, auch die Blütenfarben der einzelnen Pflanzen aufeinander abzustimmen. Ein lebhaftes und schwungvolles Bild ergibt sich, wenn Sie vielerlei verschiedene Töne kombinieren. Zu grelle Kontraste können sie durch einige vorwiegend grüne Arten, zum Beispiel Igelkolben oder Gräser, abmildern. Andererseits wirkt ein Teich, der zum größten Teil mit Pflanzen einer Farbe oder in zweierlei Schattierungen bepflanzt wurde, sehr elegant. Hier sollten Sie hauptsächlich Arten wählen, die in Ihrer Lieblingsfarbe blühen. Einige gezielt dazwischen gesetzte Glanzpunkte in anderer Farbe sorgen für markante Akzente.

In kräftigem Purpurrot blühende Büsche des Blutweiderichs geben bei diesem Teich den Ton an, wohltuend gerahmt und untermalt von verschiedenen Grüntönen der übrigen Pflanzen.